Grundriss des Sachenrechts bei Schiffen und Schiffsbauwerken

von

Herbert Wolff
Assessor in Cuxhaven

HAMBURG
CRAM, DE GRUYTER & CO
1949

Printed in Germany

Druck: Stader Zeitungs- und Verlags-Druckerei GmbH.,
Stade/Elbe, Poststraße 11/13

Meiner Mutter

und

meiner Frau

Inhaltsverzeichnis

Schrifttum

Amtliche Begründung zum Gesetz über Rechte an eingetragenen Schiffen und Schiffsbauwerken in DJ 1940 S. 1329 ff.

Baumbach: Zivilprozeßordnung, Kommentar, 17. Aufl. 1943

Güthe-Triebel: Grundbuchordnung, Kommentar, 5. Aufl. 1929

Krieger: Rechte an eingetragenen Schiffen und Schiffsbauwerken in DJ 1941 S. 97 ff.

Krieger: Zum Gesetz über Rechte an eingetragenen Schiffen und Schiffsbauwerken in DJ 1941 S. 205 ff.

Krieger: Die neue Schiffsregisterordnung in DJ 1941 S. 125 ff.

Makower-Loewe: Binnenschiffahrtsgesetz, Kommentar, 4. Aufl. 1909

Pfundtner-Neubert: Das neue deutsche Reichsrecht Bd. II

Reichsgerichtsräte: Kommentar der — zum Bürgerlichen Gesetzbuch, 7. Aufl. 1929

Schaps: Das deutsche Seerecht. Kommentar zum IV. Buch des Handelsgesetzbuches 1906

Schönke: Zwangsvollstreckungsrecht, 3. Aufl. 1946

Staudinger: Sachenrecht, Kommentar, 10. Aufl. 1926

Stein-Jonas: Zivilprozeßordnung, Kommentar, 13. Aufl. 1926

Sydow-Busch-Krantz: Zivilprozeßordnung, Kommentar, 20. Aufl. 1930

Wüstendörfer: Neuzeitliches Seehandelsrecht 1947

Das Recht

Deutsche Justiz (DJ)

Deutsche Rechts-Zeitschrift (DRZ)

Zentral-Justizblatt für die Britische Zone (ZJBl.)

Verordnungsblatt für die Britische Zone (VOBlBZ)

Hannoversche Rechtspflege (Hann. Rchtspfl.)

Niedersächsische Rechtspflege (Nds. Rchtspfl.)

Entscheidungen des Reichsgerichts in Zivilsachen (RG)

Abkürzungsverzeichnis

a. A. = anderer Ansicht
Abs. = Absatz
Abt. = Abteilung
ADS = Allgemeine deutsche Seeversicherungsbedingungen
AktGes = Aktiengesetz
AllgVfg = Allgemeinverfügung
Anm. = Anmerkung
Art. = Artikel
Aufl. = Auflage
Bd. = Band
Bek. = Bekanntmachung
BGB = Bürgerliches Gesetzbuch
BSchG = Binnenschiffahrtsgesetz
bzw. = beziehungsweise
cbm = Kubikmeter
d. h. = das heißt
DVO = Durchführungsverordnung
EGBGB = Einführungsgesetz zum Bürgerlichen Gesetzbuch
EGHGB = Einführungsgesetz zum Handelsgesetzbuch
entspr. = entsprechend
ff = folgende
FGG = Gesetz über die Angelegenheiten der freiwilligen Gerichtsbarkeit
FlagGes = Flaggengesetz
GBO = Grundbuchordnung
gem. = gemäß
h. A. herrschende Ansicht
HGB = Handelsgesetzbuch
i. d. F. = in der Fassung
KomGes = Kommanditgesellschaft
KomGes a.Akt. = Kommanditgesellschaft auf Aktien
KO = Konkursordnung
KostO = Kostenordnung
Mil.Reg. = Militärregierung

OHG = Offene Handelsgesellschaft
RGBl = Reichsgesetzblatt
RJM = Reichsminister der Justiz
RT = Registertonne
S = Seite
SchRG = Gesetz über Rechte an eingetragenen Schiffen und Schiffsbauwerken (Schiffsrechtegesetz)
SchRegO = Schiffsregisterordnung
SchRegVfg = Schiffsregisterverfügung
sog. = sogenannte
Sp. = Spalte
StPO = Strafprozeßordnung
StrandOrd = Strandungsordnung
VerglO = Vergleichsordnung
vgl. = vergleiche
VO = Verordnung
VVG = Versicherungsvertragsgesetz
z. B. = zum Beispiel
ZPO = Zivilprozeßordnung
ZVG = Gesetz über die Zwangsversteigerung und die Zwangsverwaltung
z. Zt. = zur Zeit

Abschnitt I Allgemeines

§ 1 Schiffsbegriff

A. I. Schiff im weitesten Sinne ist jede Sache, die in eigens bestimmter Bauweise zur Fortbewegung auf dem Wasser bestimmt ist. Die eigens dazu bestimmte Bauweise bedingt das Vorhandensein eines „Schiffsgefäßes", eines Hohlkörpers. Die Fortbewegung kann mittels eigenen (maschinellen) Antriebes oder Wind- oder Handbetriebes (Segeln, Rudern, Staken, Treideln, Schleppen, Schieben) erfolgen.

Damit ist Schiff: Handelsseeschiff, Kriegsschiff, Binnenschiff, Schlepper, Segelschiff, Lustyacht, Leichter, Baggerkran, Schute, Boot, Nachen, Gondel, **aber nicht:** schwimmende Badeanstalt, Wohnboot, schwimmendes Restaurant, Schwimmdock, Floß (vgl.. RG 51/230, 51/334; 86/430).

II. Schiffsbauwerk ist jedes Werk, das in seiner Endbestimmung ein Schiff werden soll.

III. Anteil am Schiff oder Schiffsbauwerk
Drei Arten sind zu unterscheiden:

a) **die Schiffspart.** Sie ist nur ein Begriff des Seerechts, im Binnenschiffahrtsrecht demnach unbekannt. Sie bedeutet den gesellschaftsrechtlichen Anteil eines Mitreeders bei einer Reederei (§ 491 HGB) und zwar den Gesamtanteil am Reedereivermögen, nicht nur am Schiff allein. Dies ist jetzige amtliche und herrschende Ansicht (vgl. amtl. Begründung in DJ 1940 S 1331; Krieger DJ 1941 S. 211), die lebhaft bestritten wird (vgl. Wüstendörfer § 15).

b) der **bruchteilmäßige Anteil.** Das Schiff steht mehreren gemeinschaftlich zu einem bestimmten Bruchteil zu.

c) **der Gesamthandsanteil.** Das Schiff steht mehreren in seiner Gesamtheit auf Grund eines Gesamthandrechtsverhältnisses zu (z. B. Gesellschaft nach BGB, OHG, Gütergemeinschaft).

B. Einteilung der Schiffe

nach **Verwendung:**

Seeschiffe und Binnenschiffe,

im **Rechtsverkehr:**

eingetragene und nicht eingetragene Schiffe.

I. **Seeschiffe** sind

a) **Kauffahrteischiffe,** die zum Erwerb durch die Seefahrt bestimmt sind (§ 1 Abs. 1 FlagGes) oder dem Erwerb durch die Seefahrt dienen (§ 484 HGB).

b) **andere Seefahrzeuge** (Nichtkauffahrteischiffe): Lustyachten, Schulschiffe und für ausländische Rechnung im Inland erbaute Seeschiffe, § 26 Abs. 1 FlagGes.

c) Nach herrschender Ansicht gehören zu den Seeschiffen auch alle **sonstigen seegehenden Fahrzeuge,** wie Kabelleger, Forschungsfahrzeuge u. a. (vgl. Wüstendörfer § 5 III 3 a γ; Krieger DJ 1941 S. 126).

II. **Binnenschiffe** sind alle Schiffe, die zur Schiffahrt auf Flüssen oder sonstigen Binnengewässern bestimmt sind und auch verwendet werden. (Die Küstenschiffahrt z. B. unterliegt dem Seerecht). Erwerbszweck braucht hier nicht vorzuliegen, also auch Lustfahrzeuge usw.

III. Die obige Einteilung ist für die Behandlung der Schiffe im Schiffahrts- und Handelsverkehr von Bedeutung. Im sonstigen Rechtsverkehr unterscheidet man Schiffe bzw. Schiffsbauwerke, die im Schiffs- bzw. Schiffsbauregister eingetragen oder nichteingetragen sind. Gerade für das Sachenrecht ist dies maßgeblich.

§ 2 Sachenbegriff

A. I Schiffe und Schiffsbauwerke sind **bewegliche Sachen** i. S. des § 90 BGB und zwar aus früher selbständigen, ungleichartigen Teilen zusammengesetzte, nicht vertretbare, nicht verbrauchbare und nicht teilbare Sachen.

II. Von den Schiffsanteilen sind Schiffsparten und Gesamthandsanteile nicht „Sachen", sondern „Rechte" Der Bruchteilsanteil ist jedoch nicht ein Recht am Eigentum eines Schiffes usw., sondern selbständiges Eigentum am Schiff usw.

B. Schiffe und Schiffsbauwerke haben **wesentliche Bestandteile** im Sinne des § 93 BGB, wie Planken, Maschine, Mast, Steuerruder.

C. Ebenso richtet sich die Zubehöreigenschaft von Sachen nach den allgemeinen Vorschriften des BGB §§ 97, 98.
Hierher gehören: Anker, Ankerkette, Taue, Glocke, Segel, Schiffspapiere; bei **Seeschiffen** nach ausdrücklicher Bestimmung des § 478 Abs. 1 HGB die Schiffsboote; nach § 478 Abs. 2 HGB im Zweifel alle Gegenstände, die im Schiffsinventar eingetragen sind.

D. Schiffe haben in ihrer Eigenschaft als Sache auch **Nutzungen und Früchte** gemäß §§ 99, 100 BGB, z. B. Benutzung eines Schiffes zum Fahren als Vorteil gem. § 100 BGB, Charter für ein Schiff oder Übersetzgeld eines Nachens gem. § 99 Abs. 3 BGB als Frucht.
Schiffsbauwerke können keine Nutzungen und Früchte haben, da sie in ihrem Zustand zur Erzielung von solchen noch nicht geeignet sind.

§ 3 Rechtsnormen

A. **Seeschiffe** unterliegen dem öffentlichen und privaten Seerecht (HGB und seerechtliche Nebengesetze wie Seemannsordnung, Vermessungsordnung, Seestraßenordnung, Seewasserstraßenordnung, Flaggengesetz).

Anm.: Die Bestimmungen über die Flaggenführung sind z. Zt. nicht anwendbar. Deutsche Seeschiffe dürfen lt. Anordnung der Mil.Reg. nicht mehr die Reichsflagge führen. Statt dessen ist das internationale „C" zu zeigen (Kontrollratsgesetz Nr. 39 vom 17. 1. 1947). Damit ist aber nicht das Flaggenrecht als solches außer Kraft. Seine Bestimmungen gelten weiterhin, sofern sie Grundlage für die Anwendung anderer Gesetzesbestimmungen und damit für Rechtsverhältnisse sind, z. B. Eintragungsfähigkeit in ein deutsches Schiffsregister (§§ 3, 11, 17 Abs. 2 SchRegO).

B. **Binnenschiffe** unterliegen dem öffentlichen und privaten Binnenschiffahrtsrecht (BSchG, Eichordnung, Schiffvermessungsordnung, Schiffahrtspolizeiverordnungen; auch den auf Seewasserstraßen geltenden Ordnungen, wenn sie sich auf solchen bewegen).

Ausnahmen:

1. Dem Seerecht unterliegen deutsche Binnenschiffe, die ausschließlich auf der unteren Donau, dem

Jangtse-kiang, dem Si-kiang und Pai-ho verkehren (VO vom 1. 3. 00).

2. Nicht unter irgend ein Schiffahrtsrecht fallen gewöhnliche Boote, Nachen, Gondeln zu Lustfahrten oder Übersetzen von Personen, Kanus, Paddelboote (vgl. Wüstendörfer § 5 I 4; Makower-Loewe § 2 Anm. 3 a; RG 51/333—34).

C. Das **Sachenrecht** an Schiffen unterscheidet lediglich eingetragene Schiffe, gleichgültig, ob sie als Seeschiff dem Seerecht, als Binnenschiff dem Binnenschiffahrtsrecht oder als nicht der „Schiffahrt dienend" überhaupt keinem Schiffahrtsrecht unterliegen.

Für alle Schiffe gelten grundsätzlich die allgemeinen sachenrechtlichen Normen des BGB wegen ihrer Eigenschaft als bewegliche Sache (§§ 90 ff, 854—872, 903, 904, 929 ff, 985 ff, 1008 ff, 1030 ff BGB; bei Seeschiffen noch §§ 478, 482 HGB). Nur hinsichtlich Eigentumserwerb und -Verlust, Belastung und Zwangsvollstreckung wird unterschieden:

I. **Nichteingetragene** Schiffe werden in jeder Hinsicht als **bewegliche Sachen** behandelt. Für sie gelten auch die Vorschriften §§ 1204 ff, 1237 ff BGB.

II. **Eingetragene** Schiffe unterliegen für den erwähnten Rechtsbereich **liegenschaftsrechtlichen Grundsätzen** (die §§ 1204 ff, 1273 ff BGB sind unanwendbar).

a) Diese **Grundsätze** sind in dem Gesetz über Rechte an eingetragenen Schiffen und Schiffsbauwerken (SchRG) vom 15. 11. 1940, in Kraft seit 1. 1. 1941, mit den 1. und 2. DVO vom 21. 12. 40 (in Kraft seit 1. 1. 41) und 16. 5. 41 (in Kraft seit 1. 6. 41) und der Schiffsregisterordnung (SchRegO) vom 19. 12. 40 (in Kraft seit 1. 1. 41) niedergelegt. Die erste DVO hat einen Teil der Vorschriften des BGB, HGB, EGHGB, FGG. BSchG, FlagGes und das Gesetz über Bestellung von Pfandrechten an im Bau befindlichen Schiffen ganz außer Kraft gesetzt, einige Bestimmungen geändert bzw. hinzugefügt. Ebenso sind Änderungen in ZPO, ZVG, KO, VerglO, Schiffsbankgesetz, KostO vorgenommen.

b) Der **Grund** war Sicherung des Rechts- und Geldverkehrs. Während für Grundstücke noch so kleinen

Ausmaßes die Sicherungsmaßnahmen der strengen Formvorschriften des BGB und der GBO zugunsten der Erwerber und dinglichen Gläubiger gelten, war dies bei Schiffen wegen ihrer Eigenschaft als bewegliche Sachen nicht der Fall. Das Ergebnis war. daß eine Eigentumsänderung hinsichtlich einer kleinen Grundstücksparzelle und die dingliche Haftung einer Forderung an ihr mehr gesichert war als bei größeren Schiffen, die einen unverhältnismäßig größeren Wert darstellen. Dem Verlangen des Schiffskredits nach Sicherung wurde wohl durch das Schiffsbankgesetz vom 14. 8. 33 in geringem Umfange nachgekommen, als die neugegründeten Schiffsbeleihungsbanken dadurch gleichartigen Vorschriften wie die Hypothekenbanken im Hypothekenbankgesetz unterstellt wurden. Nunmehr ist für alle eingetragenen Schiffe nicht nur das Schiffspfandrecht, sondern das gesamte dingliche Recht einheitlich neu geregelt und das Sachenrecht an eingetragenen Schiffen völlig den liegenschaftsrechtlichen Grundsätzen des BGB angepaßt.

Dies machte auch die Neuregelung des Registerrechts notwendig. Durch die SchRegO wurde das Gegenstück zur GBO geschaffen. Durch sie ist der öffentliche Glaube des Schiffsregisters begründet Sie ist ergänzt hinsichtlich der Verfahrensregelung durch die Schiffsregister-Verfügung (SchRegVfg) vom 23. 12. 40 (DJ 1941 S. 42).

c) Maßgeblich allein ist für die Anwendung dieser Vorschriften, ob ein Schiff in ein **deutsches** Register eingetragen ist, § 1 SchRG. Dabei ist es gleichgültig, ob es zur Eintragung fähig oder sogar pflichtig war oder nicht. Es kommt nur auf die Tatsache der Eintragung an. An seiner Eigenschaft als bewegliche Sache jedoch wird durch seine Behandlung nach liegenschaftsrechtlichen Grundsätzen nichts geändert

D. Die Behandlung eingetragener Schiffe und Schiffsbauwerke nach liegenschaftsrechtlichen Grundsätzen ist auch nicht ohne Einfluß auf die Schiffsanteile geblieben.

I Die Schiffspart unterliegt hinsichtlich Übertragung, Belastung und Zwangsvollstreckung ebenfalls Formvorschriften, die dem Liegenschaftsrecht verwandt sind.

II. Der Bruchteilsanteil ist ebenfalls ganz liegenschaftsrechtlichen Vorschriften unterworfen.

III. Lediglich der Gesamthandsanteil ist hiervon unberührt.

Abschnitt II Besitz

§ 4 Besitzformen und Besitzrecht

I. Auf sämtliche (eingetragene und nichteingetragene) Schiffe und Schiffsbauwerke finden als bewegliche Sachen die Vorschriften der §§ 854—872 BGB über das Besitzrecht Anwendung. Damit sind auch an ihnen die verschiedenen Arten des Besitzes möglich, wie unmittelbarer und mittelbarer Besitz (z. B. ist der Ausrüster, § 510 HGB, unmittelbarer Besitzer eines Schiffes, dessen Eigentümer mittelbarer Besitzer), Eigen- und Fremdbesitz, Mitbesitz (z. B. Mitreeder oder Mitgesellschafter), in seltenen Fällen auch Teilbesitz nach § 865 BGB. Auch Besitzdienerschaft kann vorliegen (z. B. ist der Schiffer Besitzdiener und der Reeder bzw. Schiffseigner Besitzer).

II. Auch für den Erwerb des Besitzes kommen die Vorschriften des BGB zur Anwendung.

III. Ebenso genießt der Besitzer (unmittelbare, mittelbare und der Besitzdiener) eines Schiffes den Besitzschutz des BGB.

IV. Bei Schiffsanteilen zur gesamten Hand und einer Schiffspart gibt es keinen Besitz, da Besitz nur an Sachen bestehen kann. Jedoch steht den Inhabern dieser Rechte ein Besitzrecht am Schiff bzw. Schiffsbauwerk zu. Sie sind auf Grund ihres Rechts Mitbesitzer und haben insofern die Rechte aus dem Besitz.

Der Bruchteilseigentümer ist jedoch Besitzer am Schiff selbst.

Abschnitt III Eigentum

Die allgemeinen Grundsätze des Eigentumsrechts über Inhalt und Schutz gelten wie im gesamten Rechtsgebiet auch bei Schiffen und Schiffsbauwerken. Wegen ihrer Eigenschaft als bewegliche Sache unterliegen sie grundsätzlich den Vorschriften des Fahrniseigentums. Jedoch tritt hinsichtlich des Erwerbs und Verlusts des Eigentums eine gesonderte Behandlung der im Register nichteingetragenen und der eingetragenen Schiffe und Schiffsbauwerke ein.

Erster Unterabschnitt: Nichteingetragene Schiffe und Schiffsbauwerke

§ 5 Erwerb des Eigentums

A. Rechtsgeschäftlicher Erwerb.

I. Er erfolgt durch formlose **Einigung und Übergabe** nach § 929 BGB. Ist der Erwerber bereits im Besitz, so genügt bloße dingliche Einigung (brevi manu traditio). Auch die Übergabesurrogate: Besitzkonstitut (constitutum possessorium), § 930 BGB, und Abtretung des Herausgabeanspruchs (Vindikationszession), § 931 BGB, sind anwendbar.

Nur **bei** nichteingetragenen **Seeschiffen** (nicht bei Schiffsbauwerken und Binnenschiffen) gilt noch **ein drittes Übergabesurrogat:** die Einigung zwischen Eigentümer und Erwerber, daß das Eigentum sofort übergehen soll, § 929a BGB. Das gleiche gilt auch für die Übertragung eines Bruchteilanteils an einem solchen Schiffe. Diese Bestimmung galt früher in den aufgehobenen §§ 474, 475 HGB; Art. 6 EGHGB für alle Seeschiffe, nunmehr nur für solche deutschen Schiffe, deren Eintragung in das Register nicht vorgesehen ist (namentlich unter 50 cbm Raumgehalt) und solche ausländischen Schiffe, deren Veräußerung sich nach deutschem Recht richtet (§ 1 FlagGes).

Sie hat ihren Grund darin, daß bei Seeschiffen der Eigentumswechsel wegen der Eigenart des Seehandelsverkehrs rasch vonstatten gehen muß, zumal der Wechsel oft stattfinden kann, während sich das Schiff auf einer längeren Reise befindet und der Erwerber ungebührlich lange Zeit auf die Besitzverschaffung warten müßte. Er hätte also vorher nicht die Möglichkeit, seine vollen Eigentumsrechte geltend zu machen.

II. Der **gutgläubige** rechtsgeschäftliche **Erwerb** vollzieht sich nach den gleichen Vorschriften wie bei anderen beweglichen Sachen nach §§ 932—936 BGB. Voraussetzung ist damit immer erst die Besitzverschaffung (mit Ausnahme der Fälle § 932 Abs. 1 Satz 2 und § 934 BGB).

Auch bei nichteingetragenen Seeschiffen wird der Erwerber nur dann Eigentümer, wenn ihm das Schiff übergeben wird, bei Bruchteilsanteil, wenn ihm der Mitbesitz eingeräumt wird, § 932 a BGB.

Ebenso vollzieht sich der gutgläubige lastenfreie Erwerb an Schiffen usw. nach § 936 BGB. Auch bei nichteingetragenen Seeschiffen ist lastenfreier Erwerb nur dann gegeben, wenn Gutgläubigkeit im Augenblick der Übergabe bzw. Verschaffung des Mitbesitzes vorliegt.

B. Nicht rechtsgeschäftlicher Erwerb.

I **Ersitzung** nach §§ 937 ff BGB bei zehnjährigem Eigenbesitz.

II Ein originärer Erwerb durch **Verbindung, Vermischung** und **Verarbeitung,** ohne das Schiff in seiner Eigenschaft als solches zu verändern, ist begrifflich nicht denkbar. Lediglich bei einem Schiffsbauwerk kann Erwerb durch Verbindung bzw. Verarbeitung vorkommen, wenn bei Serienbau zwei in Bau befindliche Schiffe, jedoch im verschiedenen Baustadium, zusammengesetzt und weitergebaut werden. Die Vorschriften der §§ 946—952 BGB kommen dann zur Anwendung. Denkbar ist hier wohl nur die Verbindung im Sinne des § 947 Abs. 1 BGB.

III **Aneignung** gemäß §§ 958, 959 BGB.

IV **Fund** gemäß § 973 BGB; jedoch sind auch die Spezialvorschriften der Strandungsordnung zu beachten. Eigentum kann vom Berger von seetriftigen Schiffen erworben werden (vgl. §§ 21 Abs. 1, 35 Abs. 2, 28 Abs. 2 StrandOrd.).

V **Erbgang** nach den allgemeinen bürgerlichrechtlichen Vorschriften, § 1922 BGB.

VI **Ehevertrag** bei Gütergemeinschaft, Errungenschaftsgemeinschaft, Fahrnisgemeinschaft.

VII Übergabe durch Gerichtsvollzieher nach **Zuschlag** und Entrichtung der Barzahlung in der Zwangsversteigerung, § 817 ZPO (vgl. RG 126/24).

C. Rechtsgeschäftlicher Erwerb bei Schiffsanteilen.

I. Bei Schiffsparten gelten die Vorschriften für den Erwerb eines Rechts. Jeder Mitreeder kann seine Part jederzeit ohne Zustimmung der anderen ganz oder teilweise veräußern, § 503 Abs. 1 Satz 1 HGB.

II. Bruchteilsanteile unterliegen den allgemeinen Vorschriften, §§ 1008 ff, 747 BGB.

III. Bei Gesamthandsanteil richtet sich das Verfügungsrecht über den Anteil nach dem zwischen den Miteigentümern bestehenden Rechtsverhältnis (Gesellschaft nach BGB oder des Handelsrechts, Erbengemeinschaft), grundsätzlich also nicht verfügungsfrei.

D. Die Ansprüche aus dem Eigentum, insonderheit der Schutz, regeln sich nach den allgemeinen Vorschriften für bewegliche Sachen, §§ 985—997, 999—1004, 1006, 1007 BGB.

§ 6 Verlust des Eigentums

Das Eigentum geht verloren durch

a) Dereliktion,
b) Untergang. Hier ist der unrettbare Untergang zu verstehen, wie z. B. Hebungsunmöglichkeit, Feuer usw.
c) Abandonerklärung gegenüber Versicherer (nur möglich bei Seeschiffen), §§ 72 Abs. 3, 73 ADS (vgl. §§ 861, 868 HGB).
Anm.: Bei Binnenschiffen gesetzlich nicht geregelt, in den meisten Versicherungsbedingungen jedoch vorgesehen und auch zulässig, da kein gesetzliches Verbot besteht.
d) Notverkauf durch Schiffer gemäß § 530 HGB (nur bei Seeschiffen),
e) Zuschlag in der Zwangsversteigerung, § 817 ZPO (vgl. RG 126/24; 153/21; 156 398),
f) Verfügung auf Grund des Reichsleistungsgesetzes,
g) öffentlichen Verkauf gemäß § 25 Abs. 3 StrandOrd.
h) Einziehung im Prisenverfahren.

Zweiter Unterabschnitt:
Eingetragene Schiffe und Schiffsbauwerke

Entsprechend dem Liegenschaftsrecht bei Grundstücken ist das Sachenrecht nach dem Registersystem geregelt.

1. Das **formelle Schiffssachenrecht** regelt die technische Seite des Schiffsrechtsverkehrs. Es ist in der SchRegO enthalten, die durch die SchRegVfg über die Einrichtung der Register ergänzt wird.

2. Das **materielle Schiffssachenrecht** (materielle Voraussetzungen der Rechtsänderung an eingetragenen Schiffen) ist hauptsächlich im SchRG, BGB, HGB und BSchG enthalten.

§ 7 Formelles Schiffssachenrecht

A Inhalt

I. **Schiffsregister** sind öffentliche Bücher, die die Rechtslage der in ihnen eingetragenen Schiffe angeben. Sie werden von den Amtsgerichten geführt, § 1 Abs. 1 SchRegO, aber nicht von jedem, sondern von den als Registergericht (durch AllgVfg des RJM) bestimmten, § 1 Abs. 2 SchRegO (Registerbezirk).

Es gibt:

Seeschiffsregister (AllgVfg vom 24. 3 37 DJ S 527)
Binnenschiffsregister (AllgVfg vom 12.8.39 DJ S.1361)
Schiffsbauregister (AllgVfg vom 11. 1. 41' DJ S. 132)
Diese werden bei den Amtsgerichten geführt, bei denen ein Schiffsregister geführt wird.

II. Für Schiffseintragungen besteht das **Prinzip** des **Anmelderechts** und der **Anmeldepflicht.** Es besteht kein Eintragungszwang für alle Schiffe, wie im Grundbuchrecht der Buchungszwang für alle Grundstücke

Die SchRegO unterscheidet zwischen eintragungsfähigen und eintragungspflichtigen Schiffen.

a) **Eintragungsfähig** sind:

1 im Seeschiffsregister

α) alle Kauffahrteischiffe (vgl. § 1 FlagGes, § 474 HGB),

β) alle anderen Seefahrzeuge, die zur Führung der Reichsflagge berechtigt sind (§§ 2, 26 FlagGes). In der Praxis ist jedoch der Rahmen weiter als der in § 26 FlagGes gesteckte (vgl. oben § 1 B I c), § 3 Abs. 2 SchRegO.

2. im Binnenschiffsregister

α) Schiffe von einer Tragfähigkeit mit mehr als 10 to oder eigener Triebkraft von mindestens 50 effektiven PS.

β) Tankschiffe, Schlepper, Stoßboote ohne Rücksicht auf Tragfähigkeit und Stärke der eigenen Triebkraft, § 3 Abs. 3 SchRegO.

3. im Schiffsbauregister

α) Seeschiffsbauwerke, die nach Fertigstellung 50 cbm oder mehr Bruttoraumgehalt haben (1 cbm = 0,353 RT),

β) Binnenschiffsbauwerke, die nach Fertigstellung eintragungsfähige Binnenschiffe sind, § 66 SchRegO; § 76 Abs. 2 SchRG

b) **Eintragungspflichtig** sind:

1. im Seeschiffsregister alle Kauffahrteischiffe mit mehr als 50 cbm Bruttoraumgehalt, § 10 Abs. 1 Nr 1 SchRegO.

2. im Binnenschiffsregister

α) Schiffe mit mehr als 20 to Tragfähigkeit oder mehr als 100 effektiven PS Triebkraft,

β) jedes Tankschiff, Stoßboot und jeder Schlepper, § 10 Abs. 1 Nr. 2 SchRegO.

3. im Schiffsbauregister besteht keine Anmeldepflicht

III. Der **Inhalt** des Registers gibt Auskunft über Eintragungen **tatsächlicher** und **rechtlicher** Natur

a) Seeschiffsregister

tatsächlicher Natur Schiffsname, Gattung und Hauptbaustoff, Heimathafen, Bauort und Jahr des Stapellaufs, Vermessungsergebnis, Unterscheidungssignal

rechtlicher Natur Eigentümer (bei Reederei Mitreeder und Größe der Schiffsparten, Korrespondentreeder, bei OHG Gesellschafter, bei KomGes oder KomGes a Akt die persönlich haftenden Gesellschafter), Rechtsgrund des Eigentumserwerbs, Schiffshypotheken, Nießbrauch, Pfandrecht an Schiffsparten, Rechte an Schiffsrechten, Verfügungsbeschränkungen

b) Binnenschiffsregister

tatsächlicher Natur Name, Nummer oder sonstige Merkzeichen des Schiffs, Gattung und Hauptbaustoff, Heimatort, Bauort und Jahr des Stapellaufs, Tragfähigkeit bzw Triebkraft.

rechtlicher Natur: Eigentümer (bei mehreren Größe der Bruchanteile oder Angabe des Rechtsverhältnisses zwischen den Miteigentümern), Rechtsgrund für Erwerb des Eigentums, Schiffshypotheken, Nießbrauch, Rechte an Schiffsrechten, Verfügungsbeschränkungen.

c) Schiffsbauregister

tatsächlicher Natur: Name oder Nummer des Bauwerks, Gattung, Bauort, Bauwerft.

rechtlicher Natur: Eigentümer (bei mehreren die Miteigentümer, bei Baureederei die Mitreeder evtl. Korrespondentreeder, Bezeichnung des Rechtsverhältnisses), Schiffshypothek, Rechte an dieser, Verfügungsbeschränkungen

B. **Einrichtung des Registers**

I. Jedes Schiff bzw. Bauwerk erhält ein Registerblatt im Register, § 7 SchRegO. Es gilt als Register des Schiffes (**Realfoliensystem**).

Der Seeschiffsregisterbezirk umfaßt mehrere Amtsgerichtsbezirke. Beim Binnenschiffsregister wird der Bezirk aus den Heimatorten der Schiffe an bestimmten Gewässern gebildet. Der Bezirk des Schiffsbauregisters deckt sich mit dem der See- bzw. Binnenschiffsregister.

Die Register werden in festen Bänden geführt, die fortlaufende Nummern tragen. Jeder Band enthält mehrere Registerblätter von gleicher Seitenzahl. Die Registerblätter erhalten ebenfalls fortlaufende Nummern (z. B Amtsgericht Cuxhaven, Seeschiffsregister Blatt Nr. 137), § 4 SchRegVfg.

II. Entsprechend den unterschiedlichen Eintragungserfordernissen sind die Register für Seeschiffe, Binnenschiffe und Schiffsbauwerke verschieden eingerichtet (vgl. §§ 11, 12, 16, 69, 70 SchRegO.). Jedes Registerblatt enthält **Aufschrift und 3 Abteilungen,** § 5 SchRegVfg.

a) Seeschiffregister

Aufschrift, § 32 SchRegVfg: Amtsgericht und Nummer des Registerblatts.

Abt I Das Schiff, § 33 SchRegVfg: Eintragungen, Veränderungen und Löschungen über das Schiff (§§ 11 Nr. 1—5, 16 Abs. 1 und Abs. 2 SchRegO).

Abt. II Eigentümer, § 34 SchRegVfg: Eintragungen, Veränderungen und Löschungen über Erfordernisse, § 11 N 6, 7, 9; § 51 SchRegO. Vormerkungen, Widersprüche, Schutzvermerke, die sich auf das Eigentum beziehen, Verfügungsbeschränkungen des Eigentümers.

Abteilung III Schiffshypotheken, Nießbrauch, Pfandrecht an Schiffsparten, § 35 SchRegVfg: Eintragung, Änderung und Löschung von Schiffshypotheken, Nießbrauch und Pfandrechten an Schiffsparten gemäß §§ 24, 9 SchRG, § 503 Abs. 3 und Abs. 1 HGB, § 1274 BGB, Arrestpfandrecht nach § 931 ZPO, Vormerkungen, Widersprüche, Schutzvermerke, die sich auf Schiffshypothek und Nießbrauch beziehen, Verfügungsbeschränkungen des Berechtigten, Pfandrecht an Schiffshypothek.

b) Binnenschiffsregister

Aufschrift, § 39 SchRegVfg: Amtsgericht und Nummer des Registerblatts.

Abteilung I Das Schiff, § 40 SchRegVfg: Eintragungen, Veränderungen und Löschungen über Merkmale des Schiffs, §§ 16, 12 Nr. 1—5 SchRegO.

Abteilung II Eigentümer, § 41 SchRegVfg: Eintragungen, Veränderungen und Löschungen über Erfordernisse gemäß §§ 16 12 Nr. 6 u. 7, 51 SchRegO, Vormerkungen, Widersprüche, Schutzvermerke und Verfügungsbeschränkungen, betreffend das Eigentum.

Abteilung III Schiffshypotheken, Nießbrauch, § 42 SchRegVfg: wie bei § 35 SchRegVfg hinsichtlich Seeschiffen (mit Ausnahme der Schiffsparten, vgl. oben II a).

c) Schiffsbauregister

Aufschrift, § 57 SchRegVfg: Amtsgericht und Nummer des Registerblatts.

Abteilung I Das Schiffsbauwerk, § 58 SchRegVfg: Eintragungen, Veränderungen und Löschungen der Merkmale gem §§ 70, 69 Abs. 1 Nr. 1—2, Abs. 3 SchRegO.

Abteilung II Eigentümer, § 59 SchRegVfg: Eintragungen, Veränderungen und Löschungen gem. §§ 70, 69 I Nr. 3, 51, 74 SchRegO, gegebenenfalls Mitreeder bei Baureederei, § 509 HGB, auch Korrespondentreeder, Vormerkungen, Widersprüche, Schutzvermerke, Verfügungsbeschränkungen, betreffend das Eigentum.

Abteilung III Schiffshypotheken, § 60 SchRegVfg: Eintragungen, Veränderungen und Löschungen gemäß §§ 77, 24 SchRG, Arrestpfandrecht, Vormerkung, Widersprüche, Schutzvermerke, Verfügungsbeschränkungen des Berechtigten, Pfandrecht an

Schiffshypotheken (kein Nießbrauch oder Schiffspart!).

C **Leitende Prinzipien des Registerrechts**

I. Die Eintragungen im Register genießen **öffentlichen Glauben,** aber nur, soweit sie das Eigentum, eine Schiffshypothek, Rechte an einer solchen und einen Nießbrauch betreffen, also nicht hinsichtlich Eintragungen tatsächlicher Natur, §§ 15 ff SchRG **(materielles Publizitätsprinzip).** (Anders vgl Wüstendörfer § 7 A VI 5 d)

II Jedem ist die Einsicht in das Register gestattet; bei Schiffsbauregister ist jedoch berechtigtes Interesse an Einsichtnahme erforderlich, §§ 8, 65 Abs 2 Satz 1 SchRegO **(formelles Publizitätsprinzip).**

III Nur bestimmt bezeichnete Schiffe können eingetragen und belastet werden und das einzutragende Recht muß genau bestimmt sein **(Spezialitätsprinzip).**

IV Rechtsgeschäftliche Änderungen hinsichtlich Eigentum, Schiffshypothek und Nießbrauch (auch bei Schiffspart) bedürfen der Eintragung in das Register (Ausnahme Eigentumsübertragung bei Seeschiffen) konstitutive Wirkung **(Eintragungsprinzip).**

V Eintragung im Register erfolgt, wenn der sie bewilligt dessen Recht von ihr betroffen wird **(formelles Konsensprinzip).**

D **Eintragungsfähige Rechte**

Nur bestimmte Rechte können eingetragen werden:

I an dinglichen Rechten nur Eigentum, Schiffshypothek und Nießbrauch, Rechte an Hypothek

II relative Veräußerungsverbote (Nacherbfolge, § 54 SchRegO; Testamentsvollstrecker, § 55 SchRegO, Konkurs, § 113 KO, Zwangsversteigerung, §§ 163, 16, 23, 170a Abs. 1 Satz 1 ZVG; Vergleich zur Abwendung des Konkurses, § 61 VerglO; Beschlagnahme des Vermögens nach § 284 StPO, § 45 SchRegO).

III. Vormerkungen, Widersprüche, Schutzvermerke

E. **Voraussetzungen von Eintragungen**

Sie erfolgen:

I. **grundsätzlich nur auf Antrag,** § 23 Abs. 1 Satz 1 SchRegO.

a) Antragsberechtigt ist jeder, dessen Recht von der Eintragung betroffen wird oder zu dessen Gunsten sie erfolgt, § 23 Abs. 2 SchRegO: Eigentümer, Miteigentümer, Korrespondentreeder, Hypothekengläubiger, Nießbraucher, bei Schiffsbauwerken auch Schiffswerftinhaber und Vollstreckungsgläubiger, § 68 Abs. 1 und Abs. 2 SchRegO.

b) Eintragungsantrag mit Vorbehalt ist grundsätzlich unstatthaft, § 26 Abs. 1 SchRegO, bei mehreren Anträgen ist aber die Bestimmung zulässig, daß eine ohne die andere nicht erfolgen soll, § 26 Abs. 2 SchRegO.

c) Mehrere Anträge, die dasselbe Recht betreffen, sind nach der Reihenfolge des Eingangs vorzunehmen, § 27 SchRegO. Spätere Anträge können auch zuerst erledigt werden, falls Erledigung des früheren sich verzögert, dann ist aber von Amts wegen zugunsten des früheren ein Schutzvermerk einzutragen, § 28 Abs. 2 SchRegO (gleiche Bedeutung wie die Vormerkung oder der Widerspruch nach § 18 GBO)

II **ausnahmsweise** von **Amts wegen**

a) Löschung von unzulässigen oder gegenstandslos gewordenen Schiffseintragungen, § 21 SchRegO

b) Wenn seit 30 Jahren keine Eintragungen mehr erfolgt sind, wird unter den Voraussetzungen des § 22 SchRegO Löschung des Schiffs angeordnet

c) Bei Unrichtigkeit des Registers durch Eintragung unter Verletzung gesetzlicher Vorschriften erfolgt Eintragung eines Widerspruchs, § 56 Satz 1 SchRegO

d) Bei unzulässigen Eintragungen erfolgt deren Löschung, § 56 Satz 2 SchRegO.

III. **Eintragungsbewilligung**

a) Grundsätzlich erfolgt die beantragte Eintragung, wenn der sie bewilligt, dessen Recht von ihr betroffen wird, § 29 SchRegO **(formelles Konsensprinzip).** Ersetzt wird die Bewilligung durch vollstreckbaren Titel gegen den Berechtigten, § 24 SchRegO, bei Berichtigungen, wenn Unrichtigkeit nachgewiesen wird, § 31 Abs. 1 SchRegO, und bei Übertragung oder Belastung einer Forderung, für die ein Pfandrecht an einer Schiffshypothek besteht, durch Abtretungs- bzw. Belastungserklärung des bisherigen Gläubigers, § 34 SchRegO.

b) Das formelle Konsensprinzip wird in einem Falle durchbrochen: bei rechtsgeschäftlicher Eigentumsübertragung an einem Binnenschiff darf Eintragung nur erfolgen, wenn die Einigung von Veräußerer und Erwerber erklärt ist **(Legalitätsprinzip)**, § 30 SchRegO.

IV. **Voreintragung des Berechtigten**

Ist der Berechtigte, dessen Recht von der Eintragung betroffen wird, nicht eingetragen, so soll er vorerst als Berechtigter eingetragen werden, § 46 I. Halbs. SchRegO. Ausnahmsweise ist diese Voreintragung nicht notwendig, wenn der Betroffene der Erbe des eingetragenen Berechtigten ist, § 46 2. Halbs. SchRegO.

V **Nachweis der Voraussetzungen**

a) **Antrag** und Vollmacht hierzu kann **formlos** abgegeben werden, § 38 SchRegO.

Die Zurücknahme eines Antrags bedarf jedoch der öffentlich beglaubigten Form, § 39 SchRegO.

b) **Bewilligung** muß in **öffentlich beglaubigter Form** erfolgen, § 37 Abs. 1 Satz 1 SchRegO.

c) **Andere Voraussetzungen** können durch **öffentliche Urkunden** belegt werden, § 37 Abs. 1 Satz 2, 1. Halbs. SchRegO.

Nur wenn der Nachweis in dieser Form nur mit unverhältnismäßigen Schwierigkeiten geführt werden kann, gibt es eine Ausnahme von dieser Form durch eine andere, wenn das Registergericht diese als ausreichend erachtet, § 37 Abs. 1 Satz 2, 2. Halbs. SchRegO. Sondervorschrift § 40 (Güterrechtsvertrag), § 41 (Erbfolge, Testamentsvollstrecker) SchRegO.

F. **Vollzug** und **Wirkung** der **Eintragung**

I. Die Eintragung erhält Datum und Unterschrift von Richter und Urkundsbeamten, § 48 SchRegO; § 12 SchRegVfg.

Jede Eintragung soll dem Antragsteller, Eigentümer und allen betroffenen und begünstigten Personen bekannt gemacht werden, § 57 SchRegO.

II. Wird für mehrere ein Recht gemeinschaftlich eingetragen, so soll die Eintragung entweder die Anteile in Bruchteilen oder das Gemeinschaftsverhältnis angeben, § 51 SchRegO.

III. Die eingetragene **Rechtsänderung tritt nur** ein, **wenn** auch die **materiellen Voraussetzungen vorliegen.** Liegen sie vor, so hat die Eintragung konstitutive Wirkung, d. h. die Rechtsänderung tritt auch dann ein, wenn evtl. eine notwendige formelle Eintragungsvoraussetzung gefehlt hat. Nur in zwei Fällen hat die Eintragung allein deklaratorische Wirkung:

a) bei rechtsgeschäftlicher Eigentumsübertragung an einem Seeschiff, § 2 SchRG,

b) bei nicht rechtsgeschäftlichem Erwerb von Rechten.

Fehlt eine materielle Voraussetzung der Rechtsänderung, so tritt auch durch die Eintragung keine Rechtsänderung ein. Das Register wird durch sie unrichtig. Die Eintragung hat keine formelle Rechtskraft. Sie bildet allerdings die Grundlage für gutgläubigen Erwerb.

§ 8 Materielles Schiffssachenrecht

Das materielle Schiffssachenrecht bei eingetragenen Schiffen und Schiffsbauwerken ist verschiedentlich geregelt. Soweit es sich um das Eigentum und dessen rechtsgeschäftliche Belastung handelt, gilt das SchRG ausschließlich. Hinsichtlich anderer Rechtsvorgänge gelten die Vorschriften des allgemeinen bürgerlichen Rechts, des Prozeß- und freiwilligen Gerichtsbarkeitsrechts, soweit es sich um die Behandlung von dinglichen Rechten in ihnen handelt.

A. Grundsätzlich ist zum **Erwerb** und zur Aufhebung von Rechten **durch Rechtsgeschäft** die dingliche **Einigung und** die **Eintragung** in das Register notwendig.

Die Einigung ist an keine Form gebunden.

Die Eintragung kann vor und auch nach der Einigung vorgenommen werden.

Zur Aufhebung von Rechten ist Aufgabeerklärung und Löschung erforderlich.

B. **Nicht rechtsgeschäftliche** Änderungen vollziehen sich regelmäßig **ohne** Einigung und Eintragung, manchmal auch nur durch Eintragung.

C. Der **schuldrechtliche Anspruch auf** Vornahme einer **Änderung** kann im Register durch eine Vormerkung gesichert werden, § 10 SchRG. Eintragungs- und Löschungsvoraussetzungen, sowie die Wirkung entsprechen der Vormerkung im Liegenschaftsrecht, §§ 10—14 SchRG (vgl. §§ 883—888 BGB für Grundstücke).

Eine Vormerkung auf Grund einer einstweiligen Verfügung erlischt ohne weiteres, wenn die einstweilige Verfügung durch eine vollstreckbare Entscheidung aufgehoben wird Die Löschung bedeutet nur die Berichtigung des Registers, § 22 SchRG.

D **Der öffentliche Glaube des Registers**

Die Eintragung der Rechtsänderung hat wohl keine formelle Rechtskraft. Es sollen aber die Eintragungen jedem erkennbar machen, welche Rechte am Schiff bestehen und wer Inhaber dieser Rechte ist. Die Eintragungen haben den Rechtsschein für sich, daß sich die durch sie dargestellten Rechtsverhältnisse tatsächlich so gestalten. Daher gilt ebenso wie für das Grundbuch auch für das Schiffs(bau)register das Prinzip des öffentlichen Glaubens.

Der öffentliche Glaube des Registers kommt in zwei Erscheinungsformen zum Ausdruck:

I als **Vermutung** für die Richtigkeit

a) Ist jemand als Eigentümer oder für jemanden eine Schiffshypothek, ein Recht an einer solchen oder ein Nießbrauch eingetragen, so wird vermutet, daß er der Eigentümer sei bzw. ihm das Recht zustehe, § 15 Abs. 1 und Abs. 2 SchRG Ist ein eingetragenes Recht gelöscht, so wird vermutet, daß es nicht mehr bestehe, § 15 Abs. 3 SchRG

b) Diese Vermutung ist keine praesumptio iuris et de iure, sondern eine **widerlegbare Rechtsvermutung.** Im Prozeß bedeutet sie eine Beweisvermutung. Sie gilt nicht nur für, sondern auch gegen den eingetragenen Berechtigten. Sie erstreckt sich jedoch nur auf das Eigentum als dingliches Recht, nicht aber auf die tatsächlichen Angaben wie Baujahr, Heimathafen usw. Auch wird durch die Eintragung eines Seeschiffs im Binnenschiffsregister oder umgekehrt nicht die Vermutung ausgedrückt, daß das Schiff tatsächlich ein Binnen- oder Seeschiff sei. Wohl kann sich ein Dritter dem Eigentümer gegenüber auf eine solche Eintragung berufen, aber diese Berufung findet ihre Grundlage nicht in § 15 Abs. 1 SchRG, sondern in § 6 SchRegO. Danach kann sich allein der Eigentümer nicht darauf berufen (ebenso

Krieger in Pfundtner-Neubert Anm. 2 zu § 6 SchRegO; a. A. Wüstendörfer § 7 A VI 6 a am Ende). § 6 **SchRegO** gibt keine Vermutung, sondern **nur die Unzulässigkeitserklärung eines Einwandes** durch den Eigentümer

c) Die Vermutung des § 15 SchRG zählt die Rechte auf, auf die sie sich bezieht. Ausgeschlossen sind damit:
   1 Vormerkungen und Widersprüche,
   2 Verfügungsbeschränkungen,
   3 Schiffsparten und Rechte an ihnen (so auch Krieger in DJ 1941 Seite 99, Däubler in Das Recht 1941 Seite 614 und 617; a A Wüsterdörfer § 7 A VI 4 am Ende).

d) Obwohl das Arrestpfandrecht nicht erwähnt ist, kommt für dieses dennoch § 15 SchRG zur Anwendung, weil § 931 Abs. 2 ZPO dem Arrestpfandgläubiger die gleichen Rechte gewährt wie einem Schiffshypothekengläubiger

e) Bei sich widersprechenden Eintragungen versagt die Vermutung

II **als Fiktion der Richtigkeit**

a) Im rechtsgeschäftlichen Verkehr hinsichtlich Eigentum, Schiffshypothek, Recht an einer solchen und Nießbrauch gilt der Inhalt des Registers als richtig, § 16 SchRG. **Diese Fiktion** der Richtigkeit **ist unwiderleglich.** Sie umfaßt aber auch nur, wie die Vermutung des § 15 SchRG, die erwähnten dinglichen Rechte, nicht die tatsächlichen Angaben und Schiffsparten und Rechte an diesen (a. A. Wüstendörfer § 7 A VI 5 c). Wer eines der erwähnten eingetragenen Rechte von demjenigen, für den sie eingetragen sind, durch Rechtsgeschäft erwirbt, der erwirbt sie auch tatsächlich, auch wenn das Register infolge der Eintragung dieses Rechts unrichtig ist. Dies gilt also vornehmlich dann, wenn der eingetragene Berechtigte nicht Inhaber des Rechts ist oder wenn das eingetragene Recht nicht so, wie es eingetragen ist, besteht. Darüber hinaus wirkt die Fiktion auch für sonstige Verfügungsgeschäfte (wie Verzicht, Kündigung) oder Leistungen (Inhalts- oder Rangänderung, Forderungsauswechselung), § 17 SchRG Ebenso erstreckt sich der öffentliche Glaube auf das Nichtvorhandensein von relativen Verfügungsverboten, § 16 Abs. 1 Satz 2 SchRG, aber nicht von absoluten.

b) Diese Fiktion umfaßt aber **nur den rechtsgeschäftlichen Verkehr.** Sie gilt demnach nicht:

1. beim Erwerb durch Zwangsvollstreckung (Ausnahme: §§ 894, 898 ZPO, die Abgabe der Willenserklärung wird durch rechtskräftiges Urteil ersetzt, damit liegt keine Zwangsvollstreckung, sondern rechtsgeschäftlicher Erwerb vor),
2. beim Erwerb kraft Gesetzes (Erbfolge, Gütergemeinschaft),
3. bei widersprechenden Eintragungen, die das gleiche Recht betreffen.

c) Diese **Fiktion** wird jedoch **ausgeschlossen,** wenn der Erwerber **nicht gutgläubig** ist, d. h. die Unrichtigkeit des Registers kennt oder ein Widerspruch gegen die Richtigkeit eingetragen ist, § 16 Abs. 1 Satz 1 2. Halbs. SchRG. Die Gutgläubigkeit wird vermutet. Gegen sie ist der Gegenbeweis zulässig. Sie muß vorliegen:

1. bei Rechtsgeschäften, bei denen zum Erwerb des Rechts die Eintragung erforderlich ist, im Zeitpunkt der Antragstellung auf Eintragung; spätestens bei Einigung, wenn die Eintragung vorher erfolgt ist, § 16 Abs. 2 SchRG (z. B.: Eigentumserwerb bei Binnenschiff, Bestellung, Verpfändung, Übertragung einer Hypothek, Begründung eines (Nießbrauchs),
2. bei Rechtsgeschäften ohne Erfordernis der Eintragung im Zeitpunkt des Rechtserwerbes (z. B. Eigentumsübertragung bei Seeschiff, § 2 SchRG; Erwerb einer Forderung, die durch Pfandrecht an einer Schiffshypothek gesichert ist, § 401 BGB).

E. Berichtigung des Registers

Wenn der Inhalt des Registers, soweit er Eigentum, Schiffshypothek, Recht an einer solchen, Nießbrauch oder relative Verfügungsbeschränkungen betrifft, mit der wirklichen Rechtslage nicht im Einklang steht, das Register demnach unrichtig ist, kann die Berichtigung verlangt werden, § 18 SchRG.

I. a) Der Berichtigungsanspruch ist demnach **nur bei** den aufgezählten **dinglichen Rechten** gegeben. § 18 SchRG umfaßt daher nicht die Schiffspart und Rechte an dieser.

Damit ist aber ein Berichtigungsanspruch überhaupt an sich nicht ausgeschlossen, nur der aus § 18 SchRG. Bei einer Schiffspart kann er sich aus allgemeinen Rechtsgrundsätzen ergeben (ungerechtfertigte Bereicherung, unerlaubte Handlung, evtl. analog § 1004 BGB). Auch gibt § 18 SchRG keinen Berichtigungsanspruch bei Unrichtigkeit von tatsächlichen Eintragungen. Hier greifen die §§ 19, 17 SchRegO Platz.

b) Neben dem Berichtigungsanspruch aus § 18 SchRG ist hinsichtlich des Eigentums auch der öffentlichrechtliche Berichtigungszwang des § 33 SchRegO gegeben.

II. Der Berichtigungsanspruch kann geltend gemacht werden von dem,

a) dessen Recht nicht oder nicht richtig eingetragen ist,

b) dessen Recht durch die Eintragung einer nicht bestehenden Belastung oder Beschränkung unterworfen ist.

Das durch die Unrichtigkeit des Registers beeinträchtigte Recht muß aber zur Zeit der Erhebung des Berichtigungsanspruches noch bestehen. Er geht verloren, wenn durch Rechtserwerb kraft guten Glaubens das beeinträchtigte Recht verloren geht. Dann ist das Register richtig geworden.

III. Der Anspruch ist gerichtet gegen den, dessen Recht durch die Berichtigung betroffen wird, den formell Berechtigten.

IV. Der Anspruch geht auf **Zustimmung zur Berichtigung** des Registers, also auf Abgabe einer Willenserklärung, nicht direkt auf Herbeiführung der Berichtigung. Wird die Bewilligungserklärung nicht erteilt, so kann auf sie geklagt werden. Dabei ist es für das Rechtsschutzbedürfnis des Klägers unerheblich, ob der materiell Berechtigte auch anderweitig die Berichtigung herbeiführen kann, insbesondere durch Nachweis der Unrichtigkeit entspr. § 31 Abs. 1 SchRegO.

V. Ist der zur Berichtigungszustimmung Verpflichtete nicht eingetragen und kann das Register erst berichtigt werden, wenn er eingetragen ist, so hat er sein Recht auf Verlangen eintragen zu lassen, § 18 Abs. 2 SchRG (z. B. Erbfall).

VI Die Kosten der Berichtigung hat der zu tragen, der sie verlangt, es sei denn, daß sich aus dem zwischen ihm und dem Verpflichteten bestehenden Rechtsverhältnis etwas anderes ergibt, § 19 SchRG.

VII Der Berichtigungsanspruch unterliegt nicht der Verjährung, § 20 SchRG.

F **Widerspruch**

Bei Unrichtigkeit des Registers in den in § 18 SchRG aufgeführten Fällen kann **auch** ein **Widerspruch** gegen die Richtigkeit eingetragen werden, § 21 SchRG Er ist daher bei Schiffsparten nicht möglich.

I Dieser Widerspruch nach § 21 SchRG wird **nur auf Antrag,** nicht von Amts wegen eingetragen

II Antragsberechtigt ist der materiell Berechtigte, der einen Berichtigungsanspruch hat.

III Die Eintragung erfolgt:

a) wenn der formell Berechtigte sie bewilligt,

b) auf Grund einer einstweiligen Verfügung
Der Widerspruch auf Grund einer einstweiligen Verfügung erlischt, wenn diese durch eine vollstreckbare Entscheidung aufgehoben wird, § 22 SchRG Seine Löschung bedeutet nur Berichtigung des Registers.

IV Durch den Widerspruch wird der **Schutz des guten Glaubens gestört;** darüber hinaus werden aber Verfügungen nicht behindert, da durch ihn das Register nicht gesperrt wird.

V Neben dem Widerspruch gem. § 21 SchRG gibt es noch den **Widerspruch von Amts** wegen gem. § 56 SchRegO, der vorzunehmen ist, wenn die Unrichtigkeit des Registers auf einer unter Verletzung gesetzlicher Vorschriften vorgenommenen Eintragung beruht

VI Vom Widerspruch gem. § 21 SchRG ist zu unterscheiden der **„Schutzvermerk“** des § 28 SchRegO, der lediglich verfahrensrechtliche Bedeutung hat

G **Verjährung**

Die **eingetragenen Rechte** unterliegen **nicht der Verjährung.** Das gleiche gilt für einen Widerspruch gegen die Richtigkeit des Registers, der insofern einem eingetragenen Recht gleichgestellt wird, § 23 Abs. 1 Satz 1, Abs. 2 SchRG. Der Verjährung unterliegen jedoch die Ansprüche auf Rückstände wiederkehrender Leistungen (Zinsen) und Schadensersatz, § 23 Abs. 1 Satz 2 SchRG.

§ 9 Erwerb des Eigentums

A. Rechtsgeschäftlicher **Eigentumserwerb an Schiffen und Schiffsbauwerken**

I. bei Seeschiffen:

a) Erforderlich und **genügend** ist die **Einigung** zwischen Eigentümer und Erwerber, § 2 Abs. 1 SchRG. Der Eigentumserwerb vollzieht sich damit außerhalb des Registers. Die **Eintragung** hat **nur deklaratorische** Bedeutung.

b) Für die Übertragung des Eigentums an Seeschiffen ist in der Britischen Zone die Anweisung Nr 17 der Legal Division der Mil.-Reg. in der Fassung vom 2 6 48 (ZJBl 1948 S. 200) zu beachten Unterschieden werden

1 Schiffe, die eine sogen X-Nummer tragen, also noch nicht durch die Dreimächtekommission für die Handelsschiffahrt (Tripartite Mercantile Marine-Commission) zugeteilt worden sind. Für deren Eigentumsübertragung ist die Zustimmung der Maritime Ports and Shipping Branch, Transport Division, 63 HQu CCG (BE), Hamburg, BAOR 3, notwendig.

2 Fischereifahrzeuge, die nach außerhalb der Britischen und Amerikanischen Zone übereignet werden sollen. Hierzu ist die Zustimmung der Mil.-Reg. und zwar der Fisheries Bipartite Control Group, Fleet Section, 63 HQu CCG (BE) Hamburg, BAOR 3, erforderlich.

3 Seeschiffe, die bereits durch die Dreimächtekommission zugeteilt, also keine X-Nummern-Schiffe sind. Hier ist keine Zustimmung der Mil.-Reg. zur Eigentumsübertragung notwendig.

Die Anträge auf Zustimmung gem. 1. sind an die Hauptverwaltung des Seeverkehrs, Hamburg, Alsterufer 1, die auf Zustimmung gem 2 an die Verwaltung für Ernährung, Landwirtschaft und Forsten des Vereinigten Wirtschaftsgebiets, Fischereireferat, Außenstelle Hamburg, Kirchenallee 57, zu richten (AV des Präs. d. ZJA vom 20. 8. 48, ZJBl. 1948 S. 198).

c) Die Einigung ist an sich formlos gültig. Jedoch kann jeder Teil die Erteilung einer öffentlich beglaubigten Urkunde über die Veräußerung verlangen, § 2 Abs. 2 SchRG.

d) Die **Eintragung** der Eigentumsänderung ist also für deren Rechtsgültigkeit nicht notwendig. Sie hat aber doch über den Weg des § 33 SchRegO zu erfolgen, da das Register durch den Eigentumswechsel unrichtig geworden ist (es weist einen anderen als den wirklichen als Eigentümer nach). Das Registergericht kann demnach die Beteiligten (Veräußerer und Erwerber) anhalten, den Berichtigungsantrag zu stellen, § 19 SchRegO. Damit ist die Anmeldung des Eigentumswechsels doch in Form eines Berichtigungsantrages vorzunehmen. Hierzu ist öffentlich beglaubigte Form notwendig:

1. entweder durch die Urkunde gemäß § 2 Abs. 2 SchRG nach § 31 Abs. 1 Satz 1 SchRegO,
2. oder mit Bewilligung des Veräußerers und Zustimmung des Erwerbers, beide Erklärungen in öffentlich beglaubigter Form, §§ 29, 31 Abs. 2, 37 Abs. 1 Satz 1 SchRegO.

e) Die Eintragung eines neuen Eigentümers soll gemäß § 32 SchRegO nur erfolgen, wenn nachgewiesen wird, daß das Schiff weiterhin zur Führung der Reichsflagge berechtigt ist (§ 2 FlagGes; § 13 Abs. 2 SchRegO). Die Nichtbeachtung dieser Ordnungsvorschrift hat keinen Einfluß auf die Wirksamkeit des Eigentumsübergangs, da sie kein Formerfordernis ist.

f) Sind die unter b) 1. und 2. genannten Voraussetzungen erfüllt, so bedürfen Eintragungen in das Schiffsregister keiner vorherigen Zustimmung durch die Mil.-Reg. (Anw. Nr. 17 Abs. 2 ZJBl. 1948 S. 201). Für die unter b) 3. genannte Gruppe der Seeschiffe wird der Nachweis dem Registergericht gegenüber, daß zur Eigentumsübertragung eine Zustimmung der Mil.-Reg. nicht erforderlich ist, durch eine Bescheinigung der Hauptverwaltung des Seeverkehrs, Hamburg, Alsterufer 1, über ihren Charakter geführt (AV des Präs. d. ZJA vom 20. 8. 48, ZJBl. 1948 S. 198).

II. bei Binnenschiffen:

a) Eigentumsübergang erfolgt **nur** durch **Einigung und Eintragung** im Binnenschiffsregister, § 3 Abs. 1 SchRG.

Hier wird also die Veräußerung nach liegenschaftsrechtlichen Grundsätzen vollzogen.

Es genügt jede Form der Einigung, da eine „Auflassung" (gleichzeitige Anwesenheit bei Abgabe der Einigungserklärung vor Gericht oder Notar) im Sinne des Grundstücksverkehrs nicht erforderlich ist. Ebenso kann die Einigung unter einer Bedingung oder Zeitbestimmung vorgenommen werden.

b) Der Rechtserwerb vollzieht sich jedoch erst mit der **Eintragung.** Diese hat demnach **konstituierende** Wirkung. Die Eintragung auf Grund rechtsgeschäftlichen Erwerbs darf aber nur erfolgen, wenn die Einigung erklärt ist, § 30 SchRegO (Durchbrechung des formellen Konsensprinzips, Legalitätsprinzip). Wenn auch das Gesetz sagt, die Eintragung „darf nur" erfolgen, so handelt es sich doch nur um eine Ordnungsvorschrift. Die Eintragung ist auch vor der Einigung denkbar und möglich. Der Eigentumserwerb tritt dann erst mit der Einigung ein, da hierfür beides zwingende Voraussetzung ist.

c) Ein weiteres Erfordernis für die Eintragung ist das Vorliegen der Bescheinigung des Sachverständigenausschusses für Preisprüfung bei der Reichsverkehrsgruppe Binnenschiffahrt, § 1 der 2. DVO zum SchRG vom 16. 5. 41. Auch dies Erfordernis ist nicht bedingend für den Eigentumserwerb, sondern nur die Eintragung. Er ist auch daher rechtswirksam, wenn jene Ordnungsvorschrift nicht beachtet ist.

Anm.: Z. Zt. sind die Sachverständigenausschüsse infolge Suspendierung der Reichsverkehrsgruppe Binnenschiffahrt in Wegfall gekommen. Somit kann dies Erfordernis z. Zt. auch nicht verlangt und erfüllt werden. Neuregelung durch Gesetz bleibt abzuwarten.

In der britischen Zone ist Neuregelung bereits dadurch erfolgt, daß die 2. DVO aufgehoben ist. Damit ist die erwähnte Bescheinigung nicht mehr erforderlich (VOBl. BZ 1948 S. 391).

d) Die **Einigungserklärungen** können **getrennt** abgegeben werden und bedürfen der öffentlichen Beglaubigung, § 37 SchRegO.

An die Einigung sind die Parteien untereinander vor der Eintragung nur gebunden:

1. wenn die Erklärungen gerichtlich oder notariell beurkundet sind oder
2. wenn sie vor dem Registergericht abgegeben sind oder
3. wenn sie diesem eingereicht sind oder
4. wenn der Eigentümer dem Erwerber eine öffentlich beglaubigte Eintragungsbewilligung ausgehändigt hat.

§ 3 Abs. 2 SchRG.

Die Erklärung des Eigentümers wird nicht unwirksam, falls er in der Verfügung beschränkt wird, wenn die Erklärung für ihn bindend geworden **und** der Antrag auf Eintragung beim Registergericht gestellt worden ist, § 3 Abs. 3 SchRG.

III. bei Schiffsbauwerken:

Schiffsbauwerke unterliegen nicht der Anmeldepflicht, noch der Eintragungsmöglichkeit schlechthin wie fertiggestellte See- und Binnenschiffe. Eine Eintragung in das Schiffsbauregister ist nur möglich, wenn eine Schiffshypothek bestellt oder die Zwangsversteigerung betrieben werden soll, § 66 SchRegO. Ein eingetragenes Schiffsbauwerk wird daher regelmäßig mit einer Schiffshypothek belastet sein oder es wird die Zwangsversteigerung in es betrieben. Ist es aber eingetragen, weil eine Hypothek auf ihm lastet, so finden gemäß § 78 SchRG die Vorschriften der §§ 3—7 SchRG sinngemäß Anwendung. Damit ist für die Eigentumsübertragung wie beim Binnenschiff **Einigung** und **Eintragung** notwendig und Voraussetzung. Der Eigentumswechsel vollzieht sich dann innerhalb des Registers mit konstitutiver Wirkung der Eintragung, gleichgültig, ob das Bauwerk später ein Seeschiff oder Binnenschiff werden soll. Entsprechendes muß auch gelten wenn die

Eintragung des Bauwerks wegen Betreibens der Zwangsversteigerung erfolgt ist (vgl. Wüstendörfer § 9 III B 2 c).

IV. Da hinsichtlich des Eigentums nach liegenschaftsrechtlichen Grundsätzen verfahren wird, sind auch bei obligatorischen Geschäften, die das Eigentum berühren (Kauf, Miete, Pacht), die für Grundstücke geltenden Sondervorschriften entsprechend aufgenommen.

a) Bei Kauf besteht die Löschungspflicht des Verkäufers hinsichtlich nicht bestehender Rechte im Register, § 435 Abs. 2 BGB, und die Beseitigungspflicht einer Schiffshypothek, § 439 Abs. 2 Satz 1 BGB. Wird der Käufer vor Übergabe eingetragen, so geht die Gefahr in diesem Zeitpunkt über, § 446 Abs. 2 BGB. Er hat die Kosten der Eintragung zu tragen, § 449 Abs. 2 BGB. Er braucht als Vorkaufsberechtigter keine Sicherheit für den gestundeten Kaufpreis zu leisten, als für diesen eine Schiffshypothekenbestellung vereinbart oder eine Hypothek in Anrechnung auf den Kaufpreis übernommen worden ist, § 509 Abs. 2 Satz 2 BGB.

b) Bei Miete und Pacht gilt der Grundsatz „Kauf bricht nicht Miete" auch bei Schiffen, § 580a BGB. Dies gilt nicht bei Charterverträgen, die rein frachtrechtlichen Charakter haben, da dann das wesentliche Merkmal der Miete, die Besitzüberlassung, fehlt.

V. a) Mit dem Eigentum geht das **Zubehör** des Veräußerers **nicht ohne weiteres mit über.** Es bedarf hierzu noch der **ausdrücklichen Einigung** hierüber, § 4 Abs. 1 SchRG. Eine Vermutung, daß sich die Veräußerung im Zweifel auf das Zubehör erstrecken soll, besteht nicht (a. A. Wüstendörfer § 9 III A 2).

b) Gutgläubiger Erwerb des nicht dem Veräußerer gehörigen Zubehörs gemäß §§ 932—936 BGB ist möglich. Während jedoch das Zubehör, das dem Veräußerer gehört, im Augenblick des Eigentumsübergangs an der Hauptsache übergeht (bei Seeschiffen mit der Einigung, bei Binnenschiffen und Schiffsbauwerken mit der Eintragung auch ohne vorherige Besitzübergabe), ist der gutgläubige Erwerb des dem Veräußerer nicht gehörigen Zubehörs vom Besitzerwerb abhängig. Der Erwerber wird erst dann Eigentümer, wenn er, obwohl er bereits Eigentum am Schiff und am Zubehör des Veräußerers durch Einigung bzw. Eintragung erworben hat, im Augenblick der Besitzerlangung noch gutgläubig ist, § 4 Abs. 2 SchRG.

B. Rechtsgeschäftlicher Erwerb an Schiffsanteilen

I. **Schiffsparten**

a) Der Erwerb einer Schiffspart erfolgt durch **Veräußerung und Eintragung,** § 503 Abs. 1 HGB. Eine „Einigung" ist hier gegenstandslos, da diese nur bei der Übertragung von Sachen und dinglichen Rechten möglich ist. Die Schiffspart ist aber keine Sache, sondern ein Recht, aber wiederum kein dingliches Recht.

b) Die Veräußerung wird erst mit der **Eintragung** wirksam, diese hat demnach konstituierende Wirkung. Da gemäß § 58 SchRegO die Vorschriften über die Eintragung von Rechtsverhältnissen auch bei einer Schiffspart sinngemäß gelten, finden auch für die Eintragung der Veräußerung die §§ 29, 31, 37 SchRegO Anwendung. Hier unterliegt die Veräußerung eines Rechts, das nicht dingliches Recht ist, den gleichen liegenschaftsrechtlichen Vorschriften wie das Eigentum am Schiff. Diese Eintragungspflicht beruht aber nicht auf Grund eines liegenschaftsrechtlichen, **dinglichen** Formerfordernisses, sondern auf Gründen des Flaggenrechts als registerrechtliche Formvorschrift.

c) Weiter ist bei dem Antrag auf Eintragung nachzuweisen, daß das Schiff weiterhin zur Führung der Reichsflagge berechtigt ist, § 32 SchRegO (Ausnahme nur § 3 FlagGes). Dies ist lediglich eine Ordnungsvorschrift. Eine ohne den Nachweis vorgenommene Eintragung berührt die dadurch hervorgerufene Wirksamkeit der Veräußerung nicht.

II. **Bruchteilseigentum.**

Die Veräußerung eines Bruchteilsanteils ist im SchRG nicht besonders erwähnt. Gemäß § 747 BGB kann jeder Miteigentümer frei über seinen Anteil verfügen. Die Verfügung richtet sich nach den für das Alleineigentum geltenden Vorschriften (RGRKom Anm. 2

u. Anm. 5 B b zu § 1008; RG 69/40). Es ist daher zur Übertragung des Bruchteilanteils gemäß § 3 SchRG **Einigung und Eintragung** erforderlich.

III. **Gesamthandsanteil.**

Die Veräußerung eines solchen Anteils ist nicht möglich, da der Gesamthandseigentümer nicht über seinen Anteil verfügen kann (vgl. §§ 719, 1442 BGB; § 105 HGB).

C. Nicht rechtsgeschäftlicher **Eigentumserwerb**

I. bei Schiffen, Schiffsbauwerken und deren Bruchteilen:

a) originär durch **Ersitzung.**

1. Der eingetragene Nichteigentümer wird nach zehn Jahren Eigenbesitzes rechtmäßiger Eigentümer **(Tabularersitzung)**, § 5 SchRG. Gleichgültig ist, ob der Eigenbesitzer gutgläubig oder bösgläubig bei Beginn der Ersitzung war oder währenddessen wird. Der Lauf der Frist bestimmt sich nach der für bewegliche Sachen gemäß §§ 939—944 BGB.
2. Der nichteingetragene Eigenbesitzer erwirbt das Eigentum nach zehnjährigem Eigenbesitz, nachdem der wahre Eigentümer durch Ausschlußurteil im Aufgebotsverfahren ausgeschlossen ist, § 6 Abs. 1 Satz 1 SchRG. Ist der wahre Eigentümer eingetragen, so ist das Aufgebotsverfahren nur zulässig, wenn er tot oder verschollen ist und seit 10 Jahren eine Eintragung, die seiner Zustimmung bedürfte, nicht erfolgt ist **(Kontratabularersitzung)**, § 6 Abs. 1 Satz 3 SchRG.

b) kraft Gesetzes:

1. durch Erbgang, § 1942 BGB,
2. durch eheliche Gütergemeinschaft, §§ 1438 Abs. 3, 1519 BGB,
3. durch Zuschlag in der Zwangsversteigerung, §§ 162, 90 ZVG,
4. durch Bergung seetriftiger Schiffe, § 21 StrandOrd.

Im Falle a) erfolgt der Eigentumserwerb durch Eintragung ohne Einigung, im Falle b) ohne Einigung und ohne Eintragung. Die Eintragung hat dann nur berichtigende Wirkung.

II. bei Schiffsanteilen:
   a) bei Schiffspart durch Zufall der aufgegebenen Schiffspart an die Mitreeder, § 501 Abs. 3 HGB,
   b) bei Gesamthandsanteil vgl. § 738 BGB; §§ 105 Abs. 2, § 161 Abs. 2 HGB; § 219 Abs. 2 AktGes.

§ 10 Verlust des Eigentums

Es können die gleichen Verlustgründe wie bei nichteingetragenen Schiffen und Schiffsbauwerken vorliegen (vgl. oben § 6).

Im einzelnen ist zu bemerken:

I. bei Dereliktion.
Das Eigentum am Schiff bzw. Schiffsbauwerk kann durch Verzicht aufgegeben werden. Allerdings genügt die Absicht der Eigentumsaufgabe noch nicht. Wirksam wird der Verzicht nur durch Erklärung gegenüber dem Registergericht und **Eintragung** des Verzichts. Aneignungsberechtigt ist aber nur das Reich, §§ 7 Abs. 1, Abs. 2, 78 SchRG.

II. Der Eigentumsverlust durch Zuschlag in der Zwangsversteigerung beruht auf §§ 90, 162 ZVG.

III. Durch Ausschlußurteil im Wege des Aufgebotsverfahrens ist eine weitere Verlustmöglichkeit gegeben, § 6 SchRG (vgl. oben § 9 c I b).

Abschnitt IV Belastung

Erster Unterabschnitt: Nichteingetragene Schiffe und Schiffsbauwerke

Nichteingetragene Schiffe und Schiffsbauwerke erfahren in der Belastung die gleiche Behandlung wie alle anderen beweglichen Sachen. Sie geschieht durch Bestellung eines Nießbrauchs oder Verpfändung.

§ 11 Nießbrauch

A. Zur Anwendung kommen die Vorschriften der §§ 1030, 1032—1037 Abs. 1, 1040—1047, 1049—1055 Abs. 1, 1057—1061, 1063—1065 BGB. Zur Bestellung ist die Einräumung des Besitzes notwendig, die auch durch die Traditionssurrogate ersetzt werden kann. Auch die Vorschriften über gutgläubigen Erwerb sind entsprechend anwendbar.

Nur gilt dies nicht bei nichteingetragenen Seeschiffen, da in § 1032 BGB der § 932 a BGB ausdrücklich ausgenommen ist. Hier ist also die Übergabe notwendig, da sie für die Nießbrauchbestellung erforderlich ist.

B. Die Bestellung eines Nießbrauchs an einem Schiffsbauwerk ist begrifflich nicht denkbar, da ein Bauwerk noch nicht fähig ist, Nutzungen abzuwerfen, was für die Bestellung des Nießbrauches begriffsnotwendig ist.

C. Bei Schiffsanteilen ist die Bestellung eines Nießbrauches möglich nur bei

I. Bruchteilsanteil nach §§ 1030 ff BGB. Die Ausübung richtet sich nach § 1066 BGB und

II. Schiffspart nach §§ 1068 ff BGB; § 503 Abs. 1 Satz 1 HGB.

III. Nicht möglich ist der Nießbrauch bei Gesamthandsanteil, § 1069 Abs. 2 BGB.

§ 12 Pfandrecht

A. Vertragliches Pfandrecht.

I. a) Für die Bestellung eines Pfandrechts an Schiffen und Schiffsbauwerken, die nicht eingetragen sind, gelten die Vorschriften über das **Fahrnis(Faust)-pfandrecht** (§§ 1204—1258 BGB), d. h. zur Bestellung ist **Einigung und Übergabe** erforderlich, § 1205 BGB. Die Übergabesurrogate sind auch nur beschränkt zulässig. So ist das Besitzkonstitut ausgeschlossen. Die Abtretung des Herausgabeanspruchs ist nur möglich, wenn der Eigentümer der mittelbare Besitzer ist und dem unmittelbaren Besitzer die Verpfändung anzeigt und den mittelbaren Besitz auf den Pfandgläubiger überträgt, § 1205 Abs. 2 BGB. Die Anzeige durch einen Dritten genügt nicht. Die Einräumung des Mitbesitzes gemäß § 1206 1. Halbs. BGB ist nicht genügend, wenn das Schiff nicht unter gemeinsamen Mitverschluß genommen werden kann.

Z. B. Einschiffen des Gläubigers an Bord oder Festliegen des Schiffes während der Pfandzeit und Zutritt zu ihm so gestaltet und abgeschlossen, daß nur mit zwei verschiedenen Schlüsseln an Bord gelangt werden kann.

b) Gutgläubiger Erwerb des Pfandrechts ist nur in den Fällen des § 932 BGB (Übergabe durch Nichteigentümer) und § 935 BGB (Übergabe durch Vindikationszession) möglich. Dies gilt auch für nicht eingetragene Seeschiffe, da in § 1207 BGB der § 932 a BGB nicht erwähnt und zur Pfandbestellung Übergabe notwendig ist.

c) Die Befriedigung erfolgt durch Verkauf entspr. §§ 1228, 1233 ff BGB. Bei der Pfandveräußerung eines Seeschiffes kann hinsichtlich des gutgläubigen Erwerbs entsprechend § 1244 BGB auch § 932 a BGB zur Anwendung kommen im Falle des § 1233 Abs. 2 BGB, § 825 ZPO bei freihändigem Verkauf.

II. Die Bestellung eines Pfandrechts an Schiffsanteilen ist ebenfalls allein den sachenrechtlichen Vorschriften des BGB unterworfen.

a) Die Belastung einer Schiffspart geschieht nach den Vorschriften über die Bestellung eines Pfandrechts an Rechten, § 503 Abs. 3 HGB; §§ 1273 ff BGB.

b) Bei Bruchteilsanteil wird das Pfandrecht wie an der Sache selbst bestellt, also als Sachpfand gemäß §§ 1205 ff BGB, nicht als Rechtspfand (Einräumung des Mitbesitzes, auch des mittelbaren Besitzes). Außerdem greift § 1258 BGB Platz.

c) Die Bestellung eines Pfandrechts an einem Gesamthandsanteil ist grundsätzlich nicht möglich, soweit er auch nicht übertragbar ist, § 1274 Abs. 2 BGB (vgl. §§ 719, 717 Satz 2, 2033 BGB).

B. Gesetzliches Pfandrecht

I. Der **Schiffswerftunternehmer** hat gemäß § 647 BGB ein Pfandrecht an dem auf seiner Werft im Bau befindlichen Schiffsbauwerk, das in fertiggestelltem Zustand nicht eintragungsfähig ist, oder zur Ausbesserung befindlichen nicht eingetragenen Schiff. Dies muß trotz § 648 Abs. 2 BGB gelten, da die Bestellung einer Schiffshypothek nur bei eingetragenen und eintragungsfähigen Schiffen bzw. Schiffsbauwerken möglich ist (hierüber unten § 14 B II a).

II. Die **Schiffsgläubiger** haben ein Pfandrecht an dem Schiff gemäß § 755 HGB; § 103 BSchG. Dieses Pfandrecht ist nicht an den Besitz geknüpft, demnach ein

Fall des besitzlosen Pfandrechts an beweglichen Sachen.

Ein weiteres besitzloses Pfandrecht kann vertraglich im Falle der **Bodmerei** an einem Seeschiff bestellt werden, vgl. §§ 679 ff, 754 Nr. 6 HGB.

C. **Sicherungsübereignung.**

Die Übertragung des Eigentums zur Sicherung einer Forderung durch Besitzkonstitut als Ersatz für das im Gesetz nicht geregelte vertragliche besitzlose Pfandrecht ist auch an Schiffen und Schiffsbauwerken möglich. Dies ist vor allem bei letzteren üblich, wenn der Werftunternehmer Eigentümer des Bauwerks bis zur Ablieferung ist und bleibt, der Besteller aber für seine Anzahlungen gedeckt sein will.

Zweiter Unterabschnitt:

Eingetragene Schiffe und Schiffsbauwerke

Die Belastung kann nur in zwei Formen erfolgen:
1. durch Bestellung eines Nießbrauchs,
2. durch Bestellung einer Schiffshypothek.

§ 13 Nießbrauch

A. **Bei Schiff**

I. Eine Nießbrauchsbestellung ist **nicht allgemein** an einem Schiff allein, sondern **nur beschränkt zulässig.** Sie kann nur erfolgen, wenn damit gleichzeitig die Verpflichtung zur Bestellung eines Nießbrauches am gesamten Vermögen des Eigentümers oder einer Erbschaft oder an Bruchteilen von diesen erfüllt werden soll, § 9 Abs. 1 SchRG.

Die Bestellung erfolgt durch **Einigung und Eintragung,** §§ 9 Abs. 2, 3 SchRG.

II. Entsprechend der Behandlung eingetragener Schiffe hinsichtlich des Eigentums nach liegenschaftsrechtlichen Grundsätzen finden auf den Nießbrauch an Schiffen die für Grundstücke geltenden Vorschriften des BGB sinngemäß Anwendung, § 82 Abs. 1 SchRG. Es sind dies insonderheit die §§ 1031, 1034—36, 1037 Abs. 1, 1039—54, 1055 Abs. 1, 1056—62, 1065 BGB. Nach ihnen richtet sich die Rechtsstellung des Nießbrauchers.

B. **Bei Schiffsbauwerken.**

Hier ist ein Nießbrauch begrifflich nicht denkbar, da das Bauwerk noch keine Nutzungen abwirft. Daher kennt das Gesetz keine Nießbrauchsbestellung an einem Bauwerk.

C. **Bei Schiffsanteilen.**

I. **Schiffspart.**

Durch das SchRG ist die Bestellung eines Nießbrauchs an einer Schiffspart nicht geregelt, wie es überhaupt sie als nicht dingliches Recht unbehandelt läßt. Sie richtet sich daher nach den allgemeinen bürgerlichrechtlichen Bestimmungen, d. h. nach §§ 1068 ff BGB. Die Bestellung erfolgt nach § 1069 BGB nach den Vorschriften für die Übertragung der Schiffspart, also gemäß § 503 Abs. 1 HGB durch formlosen Vertrag und **Eintragung.**

II. **Bruchteilseigentum.**

Das SchRG kennt nur die Regelung der Bestellung eines Nießbrauches am Schiff und läßt den Bruchteilsanteil unerwähnt, während es bei der Regelung der Schiffshypothekenbestellung diese ausdrücklich auch für den Bruchteilsanteil zuläßt, vgl. § 8 Abs. 3 SchRG. Daraus ist aber nicht zu schließen, daß ein Nießbrauch an dem Bruchteil eines Schiffes, wenn er im Anteil eines Miteigentümers besteht, nicht zulässig wäre. § 8 Abs. 3 SchRG will ebenso wie § 1114 BGB mit seiner Bestimmung nur die Belastung eines Teils eines Schiffes durch den Alleineigentümer oder durch einen Gesamthandsmiteigentümer ausschließen (vgl. hierzu RGRKom Anm. 1 zu § 1114; RG 68/80).

Ebenso wie das SchRG die Übertragung des Bruchteilsanteils nicht besonders geregelt hat und dafür die allgemeinen bürgerlichrechtlichen Vorschriften Platz greifen, ist auch für die Nießbrauchbestellung auf diese zurückzugehen. Danach gelten für die Belastung des Bruchteileigentums die Vorschriften für das Alleineigentum (§§ 747, 1008 BGB). Somit kommt auch für die Bestellung eines Nießbrauchs an einem Bruchteil § 9 SchRG zur Anwendung. Sie erfolgt gem. §§ 9 Abs. 2, 3 SchRG **durch Einigung und Eintragung.** Die Ausübung richtet sich nach § 1066 BGB.

III. **Gesamthandsanteil.**

Hier ist die Bestellung eines Nießbrauchs, soweit eine Übertragungsmöglichkeit des Anteils nicht gegeben ist, wegen der dadurch mangelnden Verfügungsberechtigung des einzelnen Gesamthänders über seinen Gesamthandsanteil nicht möglich (vgl. §§ 719, 1442 BGB; § 105 BGB; § 1069 BGB).

IV. Es erhebt sich die Frage, ob bei den beiden möglichen Fällen der Nießbrauchbestellung an Schiffsanteilen (Schiffspart und Bruchteil) auch die Beschränkung des § 9 SchRG, d. h. nur im Falle des Bestehens der Verpflichtung zur Bestellung am ganzen Vermögen oder an einer Erbschaft (bzw. Teil davon) des Mitreeders bzw. Miteigentümers, Platz greift.

a) Für den Bruchteilsanteil ist dies zu bejahen, da dies sich aus dem Gesetz selbst ergibt durch die Anwendung des § 9 SchRG auch für den Bruchteil.

b) Die Bestellung des Nießbrauchs an einer Schiffspart ist dieser Beschränkung nicht unterworfen. Die Schiffspart ist nicht mehr als der Miteigentümeranteil am Schiff zu betrachten. Sie ist der Ausdruck des Gesamtrechtsverhältnisses der Mitreeder, der auch das Miteigentum am Schiff umfaßt, aber nicht allein, sondern auch die anderen Gesellschaftsrechte der Mitreeder. Sie unterliegt der Behandlung als Recht, das nicht nur am Schiff allein besteht, wie beim Bruchteilsanteil als selbstständiges Eigentum, sondern auch an anderen Vermögensmassen und -rechten.

§ 14 Bestellung der Schiffshypothek

A. Eingetragene Schiffe und Schiffsbauwerke können nur in einer Form mit einem Pfandrecht belastet werden und zwar nur zur Sicherung einer Forderung in der Weise, daß dem Gläubiger das Recht zusteht, wegen einer bestimmten Geldsumme Befriedigung aus dem Schiff bzw. Schiffsbauwerk zu suchen: die sogen. **Schiffshypothek,** § 8 Abs. 1 Satz 1 SchRG. Die Vorschriften der §§ 1204 ff BGB über die Begründung des Faustpfandrechts sind wegen der ausschließlichen Natur des SchRG unanwendbar. Die Schiffshypothek kann auch nur zur Sicherung einer Forderung bestellt werden, d. h. sie ist vom Bestand der Forderung abhängig, § 8 Abs. 1 Satz 3 SchRG (akzessorische Natur). Sie hat demnach die Natur einer **Sicherungshypothek.** Weiter ist sie nur zulässig als **Registerhypothek,** §§ 8 Abs. 2, 3 SchRG. Die Erteilung eines Hypothekenbriefes ist nicht möglich. Es gibt demnach keine Verkehrshypothek und auch wegen der akzessorischen Natur keine Eigentümerhypothek oder -grundschuld, wie auch eine Grundschuld oder Reallast durch das Gesetz überhaupt nicht zugelassen sind.

B. Rechtsgeschäftliche **Bestellung**

I. **bei Schiff.**

Sie erfolgt durch **Einigung und Eintragung,** §§ 8 Abs. 2, 3 SchRG. Voraussetzungen:

a) Bestehen der gesicherten Forderung,

b) Eintragung.

Sie muß enthalten, § 34 SchRG:

1. Namen des Gläubigers,
2. Geldbetrag der Forderung,
3. Zinssatz,
4. bei anderen Nebenleistungen deren Geldbetrag. Die Geldforderung kann auch bedingt oder betagt sein, § 8 Abs. 1 SchRG. Trotz Eintragung kommt dann die Hypothek wohl nicht zur Entstehung, aber der Rang wird gewahrt. Zur Bezeichnung der Forderung kann auf die Eintragungsbewilligung Bezug genommen werden, § 24 Abs. 1 Satz 2 SchRG.

II **bei Schiffsbauwerk.**

a) Sie ist **nur** zulässig bei bereits **eingetragenen** oder **eintragungsfähigen** Schiffsbauwerken, d. h. bei Seeschiffen nur, wenn das Bauwerk im fertiggestellten Zustand mehr als 50 cbm Bruttoraumgehalt hat, bei Binnenschiffen, wenn es im fertiggestellten Zustand zur Eintragung im Binnenschiffsregister gem. § 3 Abs. 1 SchRegO geeignet ist (vgl. oben § 7 A II a 3). Weitere Voraussetzung ist Kiellegung und während der Bauzeit dauernde Kennzeichnung des Schiffes mit Namen und Nummer, § 76 Abs. 2 SchRG. Sie ist bereits echte Schiffshypothek, da sie auch nach Fertigstellung am Schiff als solche ohne besondere Bestellung bestehen bleibt, § 81 SchRG.

b) Die Bestellung erfolgt nach gleichen Grundsätzen wie bei Schiffen, § 77 SchRG.

c) Die Eintragung ist unzulässig, § 72 SchRegO:

1. wenn die Fertigstellung des Schiffes gem. § 71 SchRegO angemeldet ist,
2. wenn eine Bescheinigung zur Übertragung in das Schiffsregister gem. § 15 SchRegO über die Eintragung des Schiffsbauwerks im Bauregister erteilt ist.

III. **Verpfändung von Schiffsanteilen.**

a) 1. Bei einer **Schiffspart** ist die Bestellung einer **Hypothek nicht möglich,** da sie nicht ein Miteigentümeranteil, sondern ein Gesellschaftsanteil ist. Ihre **Belastung** richtet sich nach **fahrnisrechtlichen** Grundsätzen, § 1273 ff BGB, gem. § 503 Abs. 3 HGB und geschieht durch Verpfändung. Notwendig ist demnach zur Bestellung des Pfandrechts **formlose Einigung,** aber **formgebundene Eintragung** wie bei der Veräußerung der Part, §§ 1274 Abs. 1 BGB; § 501 Abs. 1 Satz 1 HGB; §§ 58, 33, 37 SchRegO. Diese Eintragung hat aber nicht die gleiche dingliche Wirkung wie die Eintragung einer Schiffshypothek, d. h. das Schiff selbst und dessen Zubehör werden von dem Pfandrecht an der Schiffspart nicht berührt. Sie ist wegen § 1274 Abs. 1 Satz 1 BGB lediglich eine Folge der registerrechtlichen Vorschrift für die Partveräußerung und wird auch vom guten Glaubensschutz nicht erfaßt (vgl. oben § 9 B I b; § 8 D I c II a). Die Vorschriften über die Schiffshypothek sind demnach nicht anwendbar.

2. Die **Übertragung** des Schiffspartpfandrechts ist nur durch Abtretung der ihm zu Grunde liegenden Forderung möglich, da ein Pfandrecht ohne Forderung nicht übertragen werden kann, § 1250 Abs. 1 BGB. Mit der Abtretung der Forderung geht das Pfandrecht eo ipso kraft Gesetzes auf den neuen Gläubiger über, § 401 Abs. 1 BGB. Der Eintragung in das Register bedarf es daher zur Wirksamkeit der Übertragung nicht. Jedoch ist das Register dadurch unrichtig geworden und der neue Gläubiger hat ein Berichtigungsrecht.

b) Dagegen ist die Belastung eines **Bruchteils** eines Schiffes bzw. Bauwerks, der im Anteil eines Miteigentümers besteht, mit einer **Schiffshypothek möglich,** § 8 Abs. 3 SchRG. Für sie gelten die gleichen Vorschriften wie für die Hypothek am Schiff.

c) Der **Gesamthandsanteil** kann ebenfalls **nicht** mit einer **Hypothek** belastet werden. Auch eine Verpfändung nach fahrnisrechtlichen Grundsätzen ist, soweit keine Übertragbarkeit gegeben ist, nicht möglich (vgl. hierzu § 12 A II c).

d) Denkbar ist aber bei Seeschiffen, bei denen die Schiffsparten reinen Miteigentümeranteilen nach Bruchteilen entsprechen, also keine weiteren (gesellschaftsrechtliche) Bestandteile umfassen, daß auch die „Schiffspart" dann mit einer Hypothek belastet werden kann, z. B. die Mitreeder betreiben keine Reederei, sondern überlassen ihr Schiff einem Ausrüster, § 510 HGB (vgl. Krieger in Pfundtner-Neubert Anm. 6 zu § 8 SchRG). Es ist aber zu beachten, daß dann tatsächlich und begrifflich nur ein Bruchteilseigentum besteht, der nur, weil es sich um ein Seeschiff handelt, den Namen „Schiffspart" trägt.

C. Nichtrechtsgeschäftliche **Entstehung**

I. durch Leistung des Schuldners bei Pfändung des Anspruchs auf Übertragung des Eigentums, §§ 847a Abs. 2 Satz 2 ZPO; 1287 Satz 2 BGB.

II. Arresthypothek gem. § 931 ZPO.

III. Zwangshypothek gem. § 870a ZPO.

IV. Zur Sicherung des nichtberichtigten Betrages des Versteigerungserlöses, § 169 Abs. 2 ZVG.

V. Sicherheitsleistung für Vormund auf Anordnung des Vormundschaftsgerichtes, § 54 Abs. 2 FGG.

VI. Werftbesitzerhypothek gem. § 648 Abs. 2 BGB.

VII. Lastenausgleichssicherungshypothek, § 1 Abs. 2, Abs. 1 Last-AusglGes. § 1 DVO hierzu (vgl. § 25).

§ 15 Haftung für die Schiffshypothek

A. Das belastete Schiff oder Bauwerk haftet in der Weise, daß der **Eigentümer die Befriedigung** des Gläubigers aus dem Schiff oder Bauwerk **zu dulden** hat. Diese Haftung darf nur **im Wege der Zwangsvollstreckung** verwirklicht werden, §§ 47 Abs. 1 SchRG; 870a ZPO.

B. Eine weitergehende Haftung ist nicht möglich. So kann der Eigentümer vor Fälligkeit nicht dem Gläubiger das Recht einräumen, zum Zwecke der Befriedigung die Übertragung des Eigentums zu verlangen oder das Schiff auf andere Weise als in der Zwangsversteigerung zu veräußern, § 49 SchRG **(lex commissoria und Abrede des Privatverkaufs).** Dagegen darf sich der Eigentümer schuldrechtlich verpflichten, das Schiff nicht zu veräußern oder weiter zu belasten oder sich der sofortigen Zwangsvollstreckung in öffentlicher (gerichtlicher oder notarieller) Urkunde zu unterwerfen, § 800 a ZPO.

C. Das belastete Schiff (Bauwerk) haftet

I. für Forderung und Zinsen oder andere Nebenleistungen. War die Forderung unverzinslich oder der Zinssatz niedriger als 5 %, so kann die Haftung auf 5 % erweitert werden, ohne daß es der Zustimmung Gleich- oder Nebenberechtigter bedarf, weitergehende Zinsen nur mit Zustimmung, § 30 Abs. 1 SchRG,

II. für Verzugszinsen,

III. für Kosten der Kündigung,

IV. für Kosten der Beitreibung (nicht also für Kosten der Klage und der Zwangsvollstreckung wegen der persönlichen Forderung),
§ 29 SchRG,

V. für vom Gläubiger gezahlte Versicherungsprämien, § 38 Abs. 2 SchRG.

D. Für die Hypothek haftet

I. das Schiff, das Schiffsbauwerk in seinem jeweiligen Bauzustand, § 79 Satz 1 SchRG

II. a) das Zubehör im Eigentum des Schiffseigentümers, § 31 Abs. 1 SchRG; bei Schiffsbauwerken daneben auch noch die auf der Bauwerft befindlichen, zum Einbau bestimmten und als solche gekennzeichneten Bauteile im Eigentum des Bauwerkeigentümers, § 79 Satz 2 SchRG

b) die Bestandteile des Schiffs nach Trennung.

c) 1. Zubehör wird von der Haftung frei, wenn es

α) in den Grenzen einer ordnungsmäßigen Wirtschaft seine Zubehöreigenschaft verliert, oder β) veräußert und vom Schiff entfernt wird, bevor die Beschlagnahme eingetreten ist (Zustellung des Zwangsversteigerungsbeschlusses an Eigentümer oder Ersuchen um Eintragung des Versteigerungsvermerks im Register, § 22 ZVG), § 31 Abs. 2 SchR.

2. Bestandteile werden zum selben Zeitpunkt frei, wenn

α) Trennung und Entfernung vom Schiff eintritt (auch ohne Veräußerung) **und**

β) diese Entfernung nicht nur vorübergehend erfolgt ist, § 31 Abs. 3 SchRG.

d) Der gutgläubige lastenfreie Erwerb von Zubehör und Bestandteilen ist möglich gem. §§ 31 Abs. 2 Satz 2 SchRG; 1121 Abs. 2 BGB.

1. Bei **Veräußerung nach** der Beschlagnahme erlischt die Haftung nur, wenn der Erwerber hinsichtlich der Beschlagnahme gutgläubig ist, §§ 135 Abs. 2, 136, 936, 1121 Abs. 2 Satz 1 BGB. Zu beachten ist jedoch § 23 Abs. 2 ZVG. Dabei ist es ohne Belang, ob die Entfernung vor oder nach der Beschlagnahme vorgenommen wurde.

2. Bei **Entfernung nach** der Beschlagnahme erlischt die Haftung nur, wenn der Erwerber bei der Entfernung hinsichtlich der Beschlagnahme gutgläubig ist. Dabei ist es gleichgültig, ob die Veräußerung vor oder nach der Beschlagnahme erfolgt, § 1121 Abs. 2 Satz 1 BGB.

III. der Entschädigungsanspruch des Eigentümers bei Enteignung gem. Art. 52, 53, 53 a EGBGB,

IV. der Verkaufserlös bei Notverkauf (§ 530 HGB) eines Seeschiffes unter den Voraussetzungen des § 764 Abs. 2, Abs. 1 HGB,

V. der Zwangsversteigerungserlös durch Entstehen einer neuen Hypothek gem. § 169 Abs. 2 ZVG (vgl. oben § 14 C V).

§ 16 Schiffsversicherung und Schiffshypothek

A. I. Einer besonderen Regelung im SchRG ist die **Haftung einer bestehenden Versicherung** des Schiffs **für** die **Hypothek** unterworfen.

Voraussetzung ist, daß der Eigentümer Versicherter ist, gleichgültig, ob er selbst Versicherungsnehmer oder

Versicherung für seine Rechnung genommen ist **(Eigentümerinteresse).** Weiter muß die Versicherung **für das Schiff** laufen. Andere Versicherungsgegenstände wie z. B. Fracht oder Schiffsmiete werden von der Hypothek nicht berührt, da sich die Hypothek nicht auf Fracht- noch Mietzinsforderungen erstreckt, § 32 Abs. 1 SchRG. Bei Schiffsbauwerken muß eine **Sonderversicherung für das Bauwerk** vorliegen. Die allgemeine Versicherung der auf der Werft liegenden Schiffe wird nicht von der Hypothek erfaßt, § 80 SchRG.

II. Die Vorschriften der §§ 1279—1290 BGB über verpfändete Forderungen finden Anwendung, § 32 Abs. 2, 1. Halbs. SchRG.

III. Der Versicherer muß die zur Zeit des Versicherungsvertragsabschlusses eingetragene Hypothek gegen sich gelten lassen, § 32 Abs. 2, 2. Halbs. SchRG. Damit bedarf es einer Verpfändungsanzeige gem. § 1280 BGB nicht. Die Hypothek muß aber zur Zeit des Schadensfalles schon bestanden haben. Nach ihm begründete Hypotheken erfassen die Versicherungsforderung nicht.

B. I. Die Zahlung der Versicherungssumme richtet sich nach §§ 1281, 1282 BGB.

a) Ist die Hypothek bei Fälligkeit der Entschädigungssumme noch nicht fällig, so erfolgt grundsätzlich die Zahlung nur an den Eigentümer und Hypothekengläubiger gemeinschaftlich, § 1281 BGB (Hinterlegung des Geldes nach § 1288 Abs. 1 BGB).

b) Ist die Hypothek bei Fälligkeit der Entschädigungssumme ebenfalls fällig, so kann der Hypothekengläubiger die Forderung allein einziehen, soweit sie zu seiner Befriedigung dient, § 1282 BGB.

II. Damit wäre an sich die Zahlung der Versicherungssumme an den Eigentümer allein ausgeschlossen. Sie ist jedoch zulässig mit Wirkung gegen den Hypothekengläubiger,

a) wenn der Versicherer oder Eigentümer dem Hypothekengläubiger den Schadensfall angezeigt haben und dieser innerhalb von zwei Wochen der Zahlung an den Eigentümer nicht widerspricht, § 32 Abs. 2 Satz 2, 4 SchRG.

Die Anzeige kann auch unterbleiben, wenn sie untunlich ist. Die Widerspruchsfrist des Hypothekengläubigers läuft dann ab Fälligkeit der Entschädigungssumme, § 32 Abs. 2 Satz 3 SchRG.

b) wenn die Zahlung zum Zwecke der Wiederherstellung des Schiffes geleistet ist und diese gesichert ist, § 33 Abs. 1 Satz 1 SchRG.

Als Sicherung wird man allgemein einen entsprechenden Vertrag des Versicherers mit der Ausbesserungswerft ansehen können.

c) wenn durch den Versicherer Schiffsgläubiger befriedigt werden, die dem Hypothekengläubiger im Range vorgehen, § 33 Abs. 1 Satz 2 SchRG.

C. I. Die **Haftung** der Versicherungsforderung **erlischt,**

a) wenn das Schiff wieder hergestellt ist,

b) wenn für Zubehörstücke Ersatz beschafft ist,

c) wenn vorrangige Schiffsgläubiger befriedigt werden, soweit deren Forderungen durch die Versicherung umfaßt werden.

§ 33 Abs. 2 SchRG.

II. Eine Leistungsfreiheit des Versicherers gegenüber Eigentümer auf Grund des Versicherungsvertrages entbindet nicht ohne weiteres die Versicherungssumme von der Haftung für die Hypothek. Die Verpflichtung des Versicherers gegenüber dem Hypothekengläubiger bleibt bestehen, wenn die Leistungsfreiheit gegenüber Eigentümer eintritt

a) auf Grund Verhaltens des versicherten Eigentümers oder Versicherungsnehmers (vgl. §§ 6, 130 VVG für Binnenschiffahrt, § 33 ADS für Seeschiffahrt),

b) bei Rücktritt des Versicherers nach Eintritt des Versicherungsfalles (wohl nur bei Binnenschiffahrt, vgl. §§ 101 Abs. 1 Satz 2, 16 ff VVG; bei Seeschiffen ist § 808 HGB nicht in ADS übernommen, Anzeigepflichtverletzung begründet danach bereits Leistungsfreiheit, fällt also schon unter a),) § 36 Abs. 1 SchRG.

III. Jedoch wird auch Versicherer gegenüber Hypothekengläubiger von der Leistung frei, wenn

a) eine Prämie nicht rechtzeitig gezahlt ist (vgl. § 101 Abs. 2 VVG), § 36 Abs. 2 Nr. 1 SchRG,

b) bei See- bzw. Fahruntüchtigkeit oder nicht gehöriger Ausrüstung oder Bemannung die Reise angetreten ist (vgl. § 821 Ziff. 1 HGB, § 58 ADS, § 132 VVG), § 36 Abs. 2 Nr. 2 SchRG,

c) vom angegebenen oder üblichen Reiseweg abgewichen wird (vgl. § 813 HGB, § 23 Nr. 2, 3 ADS), § 36 Abs. 2 Nr. 3 SchRG.

D. **Gegen Beeinträchtigungen** der Haftung auf Grund versicherungsvertraglicher oder -rechtlicher Bedingungen kann sich der Hypothekengläubiger **schützen:**

I. durch Zahlung der Prämie oder sonstiger dem Versicherer gebührenden Zahlungen. § 267 Abs. 2 BGB kommt nicht zur Anwendung, § 38 Abs. 1 SchRG. Damit schützt sich der Gläubiger vor der Anwendung des § 36 Abs. 2 Nr. 1 SchRG (vgl. oben C III a).

II. durch Anmeldung der Schiffshypothek bei dem Versicherer. Diese hat folgende Verpflichtungen des Versicherers als Ergebnis:

a) Unverzügliche Anzeige an den Hypothekengläubiger, wenn eine Prämie nicht gezahlt, Zahlungsfrist hierfür dem Versicherungsnehmer bestimmt ist und der Versicherungsvertrag wegen Ablauf der Frist gekündigt wird, § 34 Abs. 1 SchRG.

b) Kündigung (mit Ausnahme der wegen Prämienverzugs), Rücktritt oder sonstige Tatsachen der vorzeitigen Beendigung des Versicherungsvertrages werden dem Hypothekengläubiger gegenüber erst zwei Wochen nach Mitteilung durch den Versicherer wirksam. Ausnahme: Konkurs des Versicherers, § 34 Abs. 2 SchRG.

c) Minderung der Versicherungssumme oder des Umfangs der Gefahr haben Hypothekengläubiger gegenüber erst zwei Wochen nach Anzeige Wirksamkeit, § 34 Abs. 3 SchRG.

d) Unwirksamkeit des Versicherungsvertrages wegen Über- oder Doppelversicherung mit Absicht rechtswidriger Vermögensvorteilbeschaffung kann nicht gegenüber Hypothekengläubiger geltend gemacht werden. Das Versicherungsverhältnis endigt dem Gläubiger gegenüber aber 2 Wochen nach Mitteilung durch den Versicherer, § 34 Abs. 4 SchRG.

e) Bei mehreren Versicherern genügt die Anmeldung der Hypothek beim führenden Versicherer. Dieser hat die Weitergabe der Anmeldung an die anderen Versicherer zu veranlassen, § 35 SchRG.

E. **Wirkung der Zahlung** der Versicherungssumme.

I. Wenn der Versicherer gem. §§ 34 Abs. 2—4, 36 SchRG verpflichtet ist, an den Hypothekengläubiger zu zahlen (vgl. oben C II, III, D II b—d), so **geht** die **Schiffshypothek** auf ihn **über,** § 37 Satz 1 SchRG, da der Versicherer wegen seiner Leistungsfreiheit gegenüber dem Eigentümer einen Erstattungsanspruch (ungerechtfertigte Bereicherung) gegen diesen hat, der durch § 37 SchRG dinglich gesichert ist.

II. Die Forderung geht allerdings eo ipso nicht mit über. Die Schiffshypothek in ihrer Eigenschaft als Sicherungshypothek kann jedoch nicht ohne Forderung bestehen. Es ist nun zu unterscheiden, wer persönlicher Schuldner des Hypothekengläubigers ist: der Eigentümer oder ein Dritter, für den sich der Eigentümer nur dinglich verpflichtet hat.

a) Ist der Eigentümer auch der persönliche Schuldner, so ist durch die Zahlung des Versicherers die persönliche Schuld erloschen. Dann tritt entspr. § 59 SchRG (vgl. unten § 21 B I b) eine Forderungsauswechslung ein. An die Stelle der ehemaligen Hypothekenforderung tritt der Ersatzanspruch des Versicherers gegen den Eigentümer.

b) Ist der Eigentümer nicht der persönliche Schuldner, so geht auch die Forderung mit der Hypothek auf den Versicherer über entspr. § 44 SchRG (vgl. unten § 22 C I). Denn wenn der Eigentümer den Hypothekengläubiger für eine dritte persönliche Schuld befriedigt, erwirbt er nach § 44 SchRG die Forderung. Gleiches muß gelten, wenn der Versicherer für den Eigentümer zahlt. Der Versicherer ist anstelle des Hypothekengläubigers getreten, sonst hat sich nichts an dem Rechtsverhältnis geändert (vgl. Wüstendörfer § 10 II 4 c; Krieger in Pfundtner-Neubert Anm. 2 zu § 37 SchRG). Wenn nunmehr der Eigentümer wiederum den Versicherer wegen dessen Erstattungsanspruch befriedigt, so geht gem.

§ 44 SchRG die Forderung gegen den Dritten auf ihn über. Kann er allerdings auf Grund eines bebestehenden Verpflichtungsverhältnisses vom persönlichen Schuldner (Dritten) keinen Ersatz verlangen, dann findet auch in diesem Fall Forderungsauswechslung für den Versicherer, wie oben unter a) dargelegt, statt (vgl. Krieger in Pfundtner-Neubert Anm. 2 am Ende zu § 37 SchRG).

§ 17 Schutz des Schiffshypothekengläubigers

A. Von dem Wert des Schiffes (Schiffsbauwerks) und dessen Einrichtungen ist auch die Sicherheit, der „Wert" der Hypothek abhängig. Das Gesetz bietet daher dem Hypothekengläubiger Schutz gegen Verringerung der Sicherheit seiner Hypothek infolge Wertbeeinträchtigung der haftenden Pfandobjekte. Der Schutz kann vom Gläubiger in Anspruch genommen werden:

I. bei **bereits eingetretener** Verschlechterung.

a) Die Verschlechterung braucht nicht auf Grund schuldhaften Handelns oder Unterlassens eingetreten zu sein; es genügt jede objektiv entstandene Verschlechterung (z. B. durch höhere Gewalt).

b) Der Gläubiger kann dem Eigentümer eine angemessene Frist zur Beseitigung setzen, § 39 Abs. 1 Satz 1 SchRG. Die Art der Beseitigung ist dem Eigentümer freigestellt (Wiederherstellung des früheren Zustandes, Mithaftung eines anderen Schiffes für die Hypothek).

c) Nach fruchtlosem Ablauf der Frist hat der Gläubiger die Berechtigung, sofort Befriedigung aus dem Pfandobjekt zu suchen, § 39 Abs. 1 Satz 2 SchRG.

d) Bei Unverzinslichkeit der Hypothekenforderung und Nichtfälligkeit in diesem Zeitpunkt sind Zwischenzinsen nach der Höhe der gesetzlichen Zinsen für die Zeit von Zahlung bis Fälligkeit abzusetzen, § 39 Abs. 1 Satz 3 SchRG.

II. bei **drohender** Verschlechterung.

a) **durch** Einwirkungen des **Eigentümers.**

1. Der Hypothekengläubiger kann bei Gericht die Anordnung von Maßregeln zur Abwendung der Gefährdung beantragen (einstweilige Verfügung,

Klage auf Unterlassung wie actio negatoria), § 39 Abs. 2 1. Halbs. SchRG.

2. Sollten Maßnahmen dieser Art nicht ausreichen, so kann das Gericht auch bestimmen, daß der Hypothekengläubiger berechtigt sei, sofortige Befriedigung aus dem Pfandobjekt zu suchen, § 39 Abs. 2, 2. Halbs. SchRG.

b) **durch** Einwirkungen eines **Dritten.**

1. Gegen den Dritten hat der Hypothekengläubiger nur das Recht, auf Unterlassung zu klagen, § 40 SchRG.

2. Die gleichen Maßnahmen wie unter a) können gegen den Eigentümer auf Antrag des Hypothekengläubigers vom Gericht angeordnet werden, wenn der Eigentümer die erforderlichen Vorkehrungen gegen die Einwirkungen des Dritten unterläßt, § 39 Abs. 2 SchRG.

c) **durch** Einwirkungen **anderer Beschädigungen.**
Rufen Beschädigungen irgend welcher Art eine drohende Verschlechterung hervor, so hat der Gläubiger gegen den Eigentümer die gleichen Rechte wie zu a), § 39 Abs. 2 SchRG.

III In allen Fällen ist für die Geltendmachung der Rechte des Hypothekengläubigers ein Verschulden der Einwirkenden für die Gefährdung oder den Eintritt der gefährdeten Beschädigungen nicht erforderlich. Liegt jedoch Verschulden vor, so ist für den Gläubiger auch der Anspruch aus § 823 BGB gegeben.

IV Die gleichen Ansprüche wie unter II a 1 und 2 sind gegeben, wenn Zubehörstücke verschlechtert oder gegen die Regeln einer ordnungsmäßigen Wirtschaft entfernt werden, § 39 Abs. 3 SchRG.

B. Durch die Löschung des Schiffs im Register werden auch die Einzeleintragungen, also auch die Hypothek gelöscht Der Hypothekengläubiger geht damit der dinglichen Sicherung seines Anspruchs verlustig. In einem Fall der Gesamtlöschung, nämlich bei Seeschiff auf Grund des Verlustes des Flaggenrechts gem. § 17 Abs. 2 Satz 1 SchRegO und bei Binnenschiffen Verlegung des Heimathafens ins Ausland, § 20 Abs. 1 Satz 2 SchRegO (nicht bei Untergang und Ausbesserungsunfähigkeit), ist jedoch der Hypothekengläubiger geschützt. Zu diesen Löschungen ist die Bewilligung des Hypothekengläubigers und auch etwaiger Drittberechtigter an der Hypothek erforderlich, § 20 Abs. 2 SchRegO. Erteilt der Gläubiger (bzw. Dritte) diese Bewilligung nicht, so gilt ihm (bzw. Dritten) gegenüber hinsichtlich der Hypothek die Löschung als nicht erfolgt, d. h. er kann seine Rechte weiter so geltend machen, wie wenn es sich um eine eingetragene Hypothek handelt, § 20 Abs. 3 SchRegO.

§ 18 Veränderung und Belastung der Schiffshypothek

A. **Übertragung** (Gläubigerwechsel)

I. durch **Rechtsgeschäft.**

a) Erforderlich ist **(formlose) Einigung** über Abtretung zwischen bisherigem und neuem Gläubiger **und Eintragung,** § 51 Abs. 3 SchRG. Auch hier gilt für die Bindung an die Einigung § 3 Abs. 2 und 3 SchRG sinngemäß.

b) Die Übertragung von rückständigen Zinsen oder anderen Nebenleistungen, Erstattung von Kosten für die Kündigung und Rechtsverfolgung (§ 29 SchRG) oder Prämienzahlung (§ 38 Abs. 2 SchRG) erfolgt nach den allgemeinen Forderungsübertragungsvorschriften (§§ 398 ff BGB) durch (formlose) Abtretungserklärung ohne Eintragung, § 53 Abs. 1 SchRG.

c) Der Schutz des guten Glaubens durch das Schiffs(bau)register gilt auch bei der rechtsgeschäftlichen Übertragung der Hypothek.

1. Zugunsten des neuen Gläubigers gilt eine eingetragene Hypothek als bestehend, § 16 SchRG, jedoch nur hinsichtlich der dinglichen Sicherung, nicht hinsichtlich Forderung wegen der akzessorischen Natur der Hypothek.

2. Der neue Gläubiger braucht Einreden des Eigentümers gegen die Hypothek, die auf einem zwischen diesem und dem bisherigen Gläubiger bestehenden Rechtsverhältnis beruhen, nur gegen sich gelten zu lassen, wenn er sie kennt oder sie

aus dem Register ersichtlich sind, § 52 Abs. 1 SchRG.

3. Hinsichtlich der Zinsen und anderer Nebenleistungen, die nicht später als in dem Vierteljahr, in dem der Eigentümer von der Abtretung Kenntnis erlangt, oder dem folgenden Vierteljahr fällig werden, gilt der gute Glaubensschutz für den neuen Gläubiger nicht, § 52 Abs. 2 SchRG.

II. **Andere Übertragung.**

a) **kraft Gesetzes**

1. durch Erbfolge, Gütergemeinschaft. Voraussetzung ist das Bestehen der Forderung, §§ 412, 401 BGB.
2. durch Befriedigung durch den Eigentümer, der nicht persönlicher Schuldner ist, §§ 44, 64 Abs. 2 SchRG.
3. durch Befriedigung durch den persönlichen Schuldner mit einem Ersatzanspruch gegen den Eigentümer, § 59 SchRG.
4. durch Zahlung der Versicherungssumme an den Gläubiger durch den Versicherer, § 37 SchRG,
5. durch Befriedigung durch einen lösungsberechtigten Dritten, § 50 SchRG.

In diesen Fällen vollzieht sich der Übergang der Hypothek außerhalb des Registers; die Eintragung, die zu erfolgen hat, ist nur Berichtigung.

b) **Kraft Gerichtsbeschluß**

im Wege der Zwangsvollstreckung. Durch Pfändung und Überweisung an **Zahlungs Statt** gilt die Hypothek als abgetreten. Dieses muß auch im Register eingetragen werden, da auch diese Abtretung erst mit der Eintragung wirksam wird, § 837 a ZPO.

B. Schuldnerwechsel

Der persönliche Schuldnerwechsel ist möglich durch **Schuldübernahme** gem. §§ 414 ff BGB. Grundsätzlich erlischt die Hypothek hierbei, § 418 Abs. 1 BGB. Das Bestehenbleiben ist an gewisse Voraussetzungen geknüpft. Zu unterscheiden ist, ob der bisherige Schuldner gleichzeitig der dinglich haftende Eigentümer ist oder nicht.

I. Eigentümer und persönlicher Schuldner sind personengleich:

a) Bei Schuldübernahmevertrag zwischen neuem persönlichen Schuldner und dem Gläubiger bleibt die Hypothek nur dann bestehen, wenn der Eigentümer einwilligt, § 418 Abs. 1 Satz 3 BGB.

b) Bei Schuldübernahmevertrag zwischen Eigentümer und neuem persönlichen Schuldner ist, abgesehen von der Einwilligung des Gläubigers nach § 415 BGB, eine besondere Einwilligung des Eigentümers nicht notwendig, da sie in dem Vertrag mit dem neuen persönlichen Schuldner zu erblicken ist.

c) Fraglich ist, ob bei Verkauf des Schiffes unter Übernahme der Hypothek mit der persönlichen Schuld auch § 416 BGB anzuwenden ist. Die 1. DVO zum SchRG hat die Fassung des § 416 BGB nicht geändert im Gegensatz zu § 418 BGB. Seine Formvorschriften dürften demnach nur bei Grundstückshypotheken gelten. Hinsichtlich der Schiffshypothek ist dann gem. § 415 BGB zu verfahren, d. h. Aufforderung des Gläubigers unter Fristsetzung (vgl. Wüstendörfer § 10 II 9, der diese Frage offen läßt).

II. Eigentümer und persönlicher Schuldner sind verschieden:

Bei Schuldübernahmevertrag zwischen Gläubiger und neuem persönlichen Schuldner oder zwischen bisherigem und neuem persönlichen Schuldner (die Genehmigung des Gläubigers gem. § 415 BGB vorausgesetzt) ist besondere Einwilligung des Eigentümers notwendig, § 418 Abs. 1 Satz 3 BGB.

C. **Inhaltsänderung.**

Der Inhalt der Schiffshypothek kann geändert werden (Erhöhung der Forderung, der Zinsen u. ä.). Erforderlich ist hierzu **Einigung und Eintragung.** Dabei sind die Erfordernisse des § 24 SchRG über die Bestellung einer Hypothek zu beachten. Auch gelten die Vorschriften des § 3 Abs. 2 und 3 SchRG über die Bindung an die Einigung, § 54 Abs. 1 SchRG.

Ist die Hypothek mit dem Recht eines Dritten belastet, so ist dessen Zustimmung erforderlich. Sie ist gegenüber dem Registergericht oder dem Begünstigten zu erklären und unwiderruflich, § 54 Abs. 2 SchRG.

D. **Forderungsauswechslung**

I. Anstelle der ursprünglichen durch die bestellte Hypothek gesicherten Forderung kann vertraglich eine andere gesetzt werden.

a) Für den bisherigen Gläubiger:

Erforderlich ist **Einigung und Eintragung.** Ist die Hypothek belastet, so ist auch Zustimmung des Berechtigten notwendig. Ebenso gelten die Vorschriften über die Bindung an die Einigung, §§ 55 Abs. 1; 3 Abs. 1 u. 2; 54 Abs. 2 SchRG.

b) Auch für einen neuen Gläubiger kann die Forderung der Hypothek ausgewechselt werden. Erforderlich ist

1. Einigung zwischen Eigentümer und neuem Gläubiger,
2 Zustimmung des bisherigen Gläubigers,
3. Zustimmung etwaiger Drittberechtigter an der Hypothek,
4 Eintragung.

§§ 55 Abs. 2; 54 Abs. 2; 3 Abs. 2 u. 3; 56 Abs 2 u. 3 SchRG.

II. **Gesetzliche** Fälle der Forderungsauswechslung treten auf

a) bei Befriedigung des Hypothekengläubigers durch den persönlichen Schuldner, der nicht Eigentümer ist, § 59 SchRG.

b) bei Zahlung der Versicherungssumme an den Hypothekengläubiger durch den Versicherer, § 37 SchRG (vgl. oben § 16 E II a).

E. Belastung

Die Schiffshypothek als dingliches Recht unterliegt hinsichtlich ihrer Belastungsmöglichkeit den für diese Rechte geltenden Vorschriften. Sie kann demnach mit einem Nießbrauch oder Pfandrecht belastet werden.

I. Nießbrauch.

Die Bestellung richtet sich nach den Vorschriften § 1069 BGB. Da danach die Bestimmungen über die Übertragung der Hypothek Anwendung finden, ist gem.

§ 51 SchRG (formlose) **Einigung und Eintragung** erforderlich.

II. Pfandrecht.

Die Bestellung richtet sich ebenfalls nach den allgemeinen bürgerlichrechtlichen Vorschriften, § 1274 BGB. Auch ein Pfandrecht an einer Schiffshypothek wird danach gem. § 51 SchRG durch (formlose) **Einigung und Eintragung** bestellt.

§ 19 Erlöschen der Schiffshypothek

A. Aufhebung durch Rechtsgeschäft

I. Erforderlich ist:

a) Aufhebungserklärung des Gläubigers gegenüber Registergericht oder Begünstigtem, § 56 Abs. 1 Satz 1 und 2 SchRG.

b) Zustimmung des Eigentümers gegenüber Registergericht oder Gläubiger. Diese ist dann unwiderruflich, § 56 Abs. 1 Satz 3 SchRG.

c) Zustimmung eines evtl. Drittberechtigten an der Hypothek entspr. den Vorschriften der §§ 54 Abs. 2; 56 Abs. 4 SchRG.

d) Löschung im Register.

II. Vor der Löschung ist der Gläubiger an seine Erklärung nur gebunden, wenn sie gegenüber dem Registergericht abgegeben ist oder er dem Begünstigten eine Löschungsbewilligung in öffentlich beglaubigter Form nach § 37 SchRegO ausgehändigt hat, § 56 Abs. 2 SchRG. Die Erklärung wird auch nicht bei eintretender Verfügungsbeschränkung des Gläubigers unwirksam, wenn sie für ihn bereits bindend geworden war **und** der Eintragungsantrag gestellt war, § 56 Abs. 3 SchRG.

B. Erlöschen der Hypothek

I. **Kraft Gesetzes**

a) mit Erlöschen der Forderung infolge ihrer Eigenschaft als „Sicherungshypothek", § 57 Abs. 1 Satz 1 SchRG
(Ausnahme § 59 SchRG siehe unten § 21 B I b).

b) durch Befriedigung des Gläubigers im Wege der Zwangsvollstreckung in Schiff (Bauwerk) oder Gegenstände, auf die sich die Hypothek erstreckt, § 57 Abs. 1 Satz 2 SchRG.

c) durch Zuschlag in der Zwangsversteigerung, soweit sie nicht im geringsten Gebot enthalten ist, §§ 52 Abs. 1; 91 Abs. 1; 162 ZVG,

d) durch Konsolidation, wenn auch die Forderung erlischt und nicht zugunsten eines Dritten als bestehend gilt, § 64 SchRG,

e) bei Schweigen des Registers über die Hypothek entweder

   1. durch unrechtmäßige Löschung mit nachfolgendem gutgläubigen Eigentumserwerb, § 16 SchRG,
   2. durch unrechtmäßige Löschung mit nachfolgender Verjährung des Gläubigeranspruchs gegen den Eigentümer (sog. **Tabularverschweigung**), § 65 Abs. 1 SchRG,
   3. durch Nichteintragen einer kraft Gesetzes entstandenen Hypothek mit nachfolgendem gutgläubigen Eigentumserwerb oder Verjährung des Gläubigeranspruchs, § 65 Abs. 2 SchRG,

f) durch Löschung des Schiffs im Register, §§ 20, 17 SchRegO,

g) durch Einziehung im Prisenverfahren,

h) bei Seeschiffen durch Notverkauf durch den Schiffer nach § 764 Abs. 2 HGB,

i) durch Schuldübernahme durch einen Dritten ohne Einwilligung des Eigentümers, § 418 Abs. 2 BGB.

II. **Durch Ausschlußurteil** bei Gläubigeraufgebot, §§ 66 Abs. 2; 67 Abs. 2 SchRG.

Voraussetzung für das Aufgebot nach §§ 987 a, 984—987 ZPO:

a) Der eingetragene Gläubiger ist unbekannt oder sein Aufenthaltsort ist unbekannt. Sein Ausschluß erfolgt, wenn

   1. zehn Jahre lang in Bezug auf die Hypothek keine Eintragung im Register erfolgt ist und
   2. wenn der Eigentümer während dieser Zeit kein § 208 BGB entsprechendes Anerkenntnis geleistet hat.

   Bei bestimmter Zahlungszeit für die Forderung läuft die Zehnjahresfrist erst vom Ablauf des Zahlungstages, § 66 Abs. 1 SchRG.

3 der nur dinglich haftende Eigentümer zur Kündigung und Befriedigung berechtigt ist und den Forderungsbetrag unter Verzicht auf Rücknahme hinterlegt, § 67 Abs. 1 SchRG.

III. **Durch Verzicht** des Gläubigers

a) Voraussetzung, § 57 Abs. 2 SchRG:

1. Verzichtserklärung des Gläubigers gegenüber Registergericht oder Eigentümer.
2. Zustimmung etwaiger Drittberechtigter an der Hypothek, § 54 Abs. 2 SchRG.
3. Eintragung des Verzichts in das Register.

Die Voraussetzungen für die Bindung des Gläubigers an die Verzichtserklärung sind die gleichen wie bei der Aufhebung, § 56 Abs. 2 und 3 SchRG (vgl. oben A II).

b) Die Löschung der Hypothek ist lediglich Berichtigung des Registers und abhängig von der Zustimmung des Eigentümers, § 35 SchRegO.

§ 20 Geltendmachung der Schiffshypothek

Zu unterscheiden ist zwischen dem persönlichen Anspruch aus der Forderung gegen den persönlichen Schuldner und dem dinglichen Anspruch gegen den Eigentümer aus der Hypothek. **Gegen** den **Eigentümer** kann **nur** im Wege der **Zwangsvollstreckung** vorgegangen werden, § 47 Abs. 1 SchRG.

Voraussetzung hierfür ist:

I. Fälligkeit der Forderung.

a) Hängt die Fälligkeit der Forderung, für die die Hypothek bestellt ist, von einer Kündigung ab, so ist die Kündigung für die Hypothek nur wirksam, wenn sie von dem Gläubiger dem Eigentümer oder umgekehrt erklärt wird.

b) Zugunsten des Gläubigers gilt kraft Fiktion der eingetragene Nichteigentümer als der wirkliche Eigentümer, § 42 Abs. 1 SchRG, selbst wenn der Gläubiger die Unrichtigkeit des Registers kennt. Andererseits muß auch er die Kündigung des eingetragenen Nichteigentümers gegen sich gelten lassen (vgl. RGRKom Anm. 4 zu § 1141 für das Grundbuchrecht).

II. Titel gegen den Eigentümer, erworben durch die sog. Hypothekenklage.

a) Auch hier gilt zugunsten des Gläubigers als unwiderlegliche Fiktion der eingetragene Nichteigentümer als wirklicher Eigentümer des Schiffs, §§ 48 Abs. 1 SchRG; 17, 164 ZVG. Jedoch schafft das Urteil gegen den nichteingetragenen wahren Eigentümer keine Rechtskraft. Dessen Rechte bleiben unberührt, § 48 Abs. 2 SchRG (vgl. RG 94/57 und RGRKom Anm. 2, 3 zu § 1148 für das Grundbuchrecht). Er kann daher gegen das Urteil mit negativer Feststellungs- oder Interventionsklage vorgehen.

b) Anstelle des vollstreckbaren Titels ist auch die Unterwerfungsklausel gem. § 800a ZPO genügend.

c) Als Ausnahme hiervon, d. h. ohne Zwangsvollstreckung, kann eine Befriedigung des Gläubigers erfolgen durch die Vereinbarung zwischen Gläubiger und Eigentümer **nach Fälligkeit** gegenüber letzterem, daß das Eigentum am Schiff dem Gläubiger übertragen wird oder das Schiff auf andere Weise als im Wege der Zwangsvollstreckung veräußert werden kann (arg. e contr. § 49 SchRG).

§ 21 Einwendungen gegen die Schiffshypothek

A. Rechte des Eigentümers

I. der **zugleich persönlicher Schuldner** ist. Er hat

a) alle Einreden aus dem dinglichen Recht,

b) Einreden, die sich aus dem Register ergeben (Verfügungsbeschränkungen, Widersprüche),

c) alle Einreden gegen die persönliche Forderung, § 41 Abs. 1 Satz 1 SchRG.

Ausnahme: Er hat nicht

1. Einrede der Verjährung hinsichtlich Hauptanspruch, §§ 23 SchRG 223 BGB,
2. Einrede des Zwangsvergleichs im Konkurs, § 193 KO.

d) Diese Einreden bestehen auch gegenüber einem neuen Gläubiger, dem der ursprüngliche Forderung und Hypothek abgetreten hat:

1. hinsichtlich der zwischen ihm und dem bisherigen Gläubiger bestehenden Rechtsverhältnisse in An-

sehung der Hypothek gem. § 52 Abs. 1 Satz 1 SchRG. Jedoch genießt der neue Gläubiger den guten Glaubensschutz des Registers; § 52 Abs. 1 Satz 1 SchRG, so daß diese Einreden bei Gutgläubigkeit des neuen Gläubigers ausgeschlossen sind.

2. hinsichtlich der bestehenden Einreden gegen den bisherigen Gläubiger in Ansehung der Forderung gem. §§ 404—408 BGB, wegen der Natur der Hypothek als Sicherungshypothek.

II. der **nicht der persönliche Schuldner** ist: Er hat

a) sämtliche Einreden wie unter I dargelegt. Ausgenommen ist außerdem noch die Einrede der beschränkten Erbenhaftung, § 41 Abs. 1 Satz 4 SchRG.

b) Leistungsverweigerungsrecht bei

1. Anfechtungsbefugnis des persönlichen Schuldners hinsichtlich des der Verbindlichkeit zu Grunde liegenden Rechtsgeschäfts, § 41 Abs. 1 Satz 2 SchRG.

2. Aufrechnungsbefugnis des Gläubigers gegenüber fälliger Forderung des persönlichen Schuldners, § 41 Abs. 1 Satz 3 SchRG.

Dieses Leistungsverweigerungsrecht ist nur eine dilatorische Einrede, da die Vornahme der Anfechtung und der Aufrechnung nur vom persönlichen Schuldner bzw. Gläubiger erfolgen kann. Das Recht hierzu hat der Eigentümer nicht.

c) Lösungsrecht.

Er kann den Gläubiger befriedigen (durch Zahlung, Hinterlegung, Aufrechnung), wenn ihm gegenüber die Hypothek fällig oder der persönliche Schuldner zur Leistung berechtigt ist, § 43 SchRG.

d) Herausgabeanspruch gegen den Gläubiger bei Befriedigung auf die zur Berichtigung des Registers oder Löschung der Hypothek erforderlichen Urkunden, § 45 SchRG.

B. **Rechte des Schuldners,** der nicht der dinglich haftende Eigentümer ist.

I. a) Der persönliche Schuldner ist nicht nur berechtigt, sondern auch verpflichtet, den Gläubiger zu befriedigen. Er kann den Gläubiger auch **nicht auf das haftende Schiff verweisen.** Obwohl auch ein eingetragenes Schiff oder Schiffsbauwerk eine bewegliche Sache ist, genießt der persönliche Schuldner nicht wie bei anderen beweglichen Sachen die Verweisungsmöglichkeit des § 777 ZPO (beneficium excussionis realis), da die Pfandobjekte in der Zwangsvollstreckung wie unbewegliche Sachen behandelt werden.

b) Hat er eine Ersatzforderung gegen den Eigentümer, dann **geht die Hypothek** auf ihn **über,** § 59 Abs. 1 Satz 1 SchRG. Dies bedeutet gesetzliche Forderungsauswechslung (vgl. oben § 18 D II a). An die Stelle der ursprünglichen Hypothekenforderung, die durch die Zahlung der Schuld erloschen ist, tritt der Ersatzanspruch. Dieser Fall liegt z. B. bei nicht vom Gläubiger genehmigter Schuldübernahme zwischen Schuldner und Eigentümer vor (vgl. § 415 BGB; oben § 18 B I b und c): Der persönliche Schuldner, der früher auch gleichzeitig Eigentümer war, hat einen Anspruch aus Erfüllungsübernahme gegen den neuen Eigentümer, der in Anrechnung auf den Kaufpreis die Hypothek übernommen hat.

II. Leistungsverweigerungsrecht des persönlichen Schuldners, der einen Ersatzanspruch gegen den Eigentümer hat, hinsichtlich des Ausfalls des Gläubigers bei der Zwangsvollstreckung.
Voraussetzung:

a) Betreiben der Zwangsvollstreckung ohne unverzügliche Benachrichtigung des persönlichen Schuldners durch den Gläubiger.
Ausnahmsweise kann Benachrichtigung unterbleiben, wenn sie untunlich ist.

b) Ausfall des Gläubigers in der Versteigerung.

c) Schaden des Schuldners infolge Unterlassung der Benachrichtigung.
§ 61 SchRG.

III. Herausgabeanspruch gegen Gläubiger hinsichtlich der erforderlichen Urkunden zur Berichtigung des Registers.
Voraussetzung: Er muß die Hypothek erworben oder ein sonstiges rechtliches Interesse an der Berichtigung des Registers haben, weil er die Befriedigung vorgenommen hat.
§ 62 SchRG.

C. **Rechte Dritter**

I. Ein Dritter hat ein **Lösungsrecht,** d. h. er kann den Gläubiger befriedigen (durch Zahlung, Hinterlegung, Aufrechnung),

a) wenn er ein Recht am Schiff (Bauwerk) oder den Gegenständen hat, auf die sich die Hypothek erstreckt, (z. B. Nachhypothekar) und er durch das Verlangen des Gläubigers auf Befriedigung aus dem Schiff dieses Recht verlieren könnte, oder

b) wenn er im Besitz des Schiffes oder von Bestandteilen und Zubehör ist (z. B. Nießbraucher, Mieter, Ausrüster) und er durch die Zwangsvollstreckung den Besitz verlieren würde, § 50 Abs. 1 SchRG.

II. Dies Recht hat der Dritte nicht schon bei Fälligkeit der Forderung, sondern erst, wenn der Gläubiger die Befriedigung verlangt (z. B. Aufforderung an den Eigentümer als dinglich haftenden Schuldner zu zahlen).

III. Bei Befriedigung durch den Dritten ergeben sich für ihn zwei Rechtsfolgen:

a) die Hypothek geht auf ihn über, da gem. § 50 Abs. 2 Satz 1 SchRG die Forderung auf ihn übergeht, § 51, Abs. 2 SchRG.

b) er hat einen Herausgabeanspruch gegen den Gläubiger hinsichtlich der zur Berichtigung des Registers erforderlichen Urkunden, §§ 50 Abs. 3; 45 SchRG.

§ 22 Eigentümerbefugnis

A. Die Schiffshypothek in ihrem Charakter als Sicherungshypothek ist von dem Schicksal der Forderung abhängig. Ohne sie kann sie nicht bestehen und das Erlöschen der Forderung bewirkt auch ihr Erlöschen. Die Einrichtung des Weiterbestehens der Hypothek ohne Forderung als Grundschuld, die dem Eigentümer zusteht, kennt das Schiffssachenrecht nicht. Das hat zur Folge, daß die Nachhypothekare in der Regel aufrücken. Jedoch kann dies dem wirtschaftlichen Interesse des Eigentümers widersprechen, insonderheit ihm die Möglichkeit nehmen, an gleicher Rangstelle der erloschenen Hypothek sich einen neuen Kredit zu beschaffen. Diesem Gedanken trägt das Schiffssachenrecht Rechnung durch die Schaffung der Institution der

Stellenoffenhaltung für den Eigentümer. Sie gibt dem Eigentümer eine besonders gestaltete Befugnis durch folgende Bestimmungen:

1. eine Hypothek kann nur mit Zustimmung des Eigentümers gelöscht werden, wenn es sich dabei um eine Berichtigung des Registers handelt, § 35 SchRegO,
2. bis zur Löschung kann der Eigentümer im Rang und bis zur Höhe der bisherigen zu löschenden Hypothek eine neue Hypothek bestellen, § 57 Abs. 3, 1. Halbs. SchRG.

B. I. Dieses Recht hat der Eigentümer

a) bei Erlöschen der Hypothekenforderung außerhalb der Zwangsversteigerung (Zahlung, Erlaß, Aufrechnung, Hinterlegung), § 57 Abs. 1 Satz 1 Abs. 3, 2. Halbs. SchRG.

b) bei Verzicht des Gläubigers, § 57 Abs. 2 SchRG; nicht dagegen bei Aufhebungsvertrag gem. § 56 Abs. 1 SchRG, da für diesen Löschung Voraussetzung ist.

c) im Falle der Schuldübernahme ohne Einwilligung des Eigentümers, § 418 Abs. 1 Satz 2 BGB.

d) bei Konsolidation der Hypothek, § 64 Abs. 1 SchRG, Ausnahme: § 64 Abs. 2 SchRG.

e) bei Lösungsrechtsausübung durch nicht persönlich haftenden Eigentümer, aber nur, wenn er dann auf die Hypothek verzichtet, da er mit der Lösung Forderung **und** Hypothek erwirbt, § 44 SchRG.

f) bei Aufgebot des unbekannten Hypothekengläubigers, §§ 66 Abs. 2 Satz 2; 67 SchRG.

g) bei Erlöschen der Zwangshypothek gem. § 870 a Abs. 3 ZPO (vgl. unten § 27 A I d).

h) bei Erlöschen der Arresthypothek gem. § 931 Abs. 6 Satz 2 ZPO (vgl. unten § 28 A II g).

II. **Voraussetzung** ist jedoch, daß die Hypothek tatsächlich entstanden war, also **eine Forderung** für sie **bestand.** Für die Löschung einer eingetragenen Hypothek, für die keine Forderung entstanden war, bedarf es auch nicht der Zustimmung des Eigentümers, § 35 Abs. 2 SchRegO. Es ist auch insofern keine „Belastung“ entstanden (vgl. § 57 Abs. 3 Satz 1 SchRG).

Bestand jedoch die Forderung und war nur der Gläubiger im Register falsch benannt, so wirkt die Zahlung des gutgläubigen Eigentümers entspr. §§ 17, 16, 57 Abs. 1, 64 SchRG als Grundlage des Erlöschens bzw. Übergangs der Hypothek.

III. Die Befugnis steht dem **jeweiligen Eigentümer** zu und bedeutet kein Recht am Schiff (Bauwerk). Sie ist daher **nicht übertragbar** und **nicht pfändbar,** § 57 Abs. 3 Satz 2 SchRG.

IV. Die Befugnis ist aber **beschränkbar.**

a) Der Eigentümer kann auf sie gegenüber einem Dritten verzichten durch Verpflichtung zur Löschung der Hypothek. Dies Recht des Dritten kann dinglich durch eine Vormerkung gesichert werden, § 58 SchRG. Dies gilt jedoch nur, wenn die Forderung erlischt.

b) Nach Beschlagnahme des Schiffes im Zwangsversteigerungsverfahren kann die Befugnis nur mit Zustimmung des betreibenden Gläubigers ausgeübt werden, § 57 Abs. 3 Satz 3 SchRG.

V. Die Befugnis erlischt

a) mit Löschung der Hypothek, § 57 Abs. 3 Satz 1 SchRG,

b) mit Erteilung des Zuschlags in der Zwangsversteigerung, § 57 Abs. 3 Satz 3 SchRG.

C. I. Nur in einem Falle erwirbt der Eigentümer eine Eigentümerhypothek und zwar, wenn er als nur dinglicher Schuldner den Gläubiger befriedigt, § 44 SchRG. Dann entsteht wohl keine eigentliche (forderungsentkleidete) Eigentümerhypothek, sondern eine Eigentümerhypothek im weiteren Sinne **(forderungsbekleidete Eigentümerhypothek).** Sie ist aber, da die Forderung weiter besteht, eine echte Hypothek des Eigentümers. Sie erlischt demnach nicht, entspr. §§ 64 Abs. 1; 64 Abs. 2 Satz 1 SchRG (vgl. Wüstendörfer § 10 II 10 b β).

II. Der Eigentümer darf jedoch nicht

a) aus solcher Hypothek die Zwangsvollstreckung ins eigene Schiff betreiben,

b) keine Zinsen für diese Hypothek aus dem Schiff ziehen. § 64 Abs. 2 Satz 2 SchRG.

§ 23 Besondere Schiffshypothekenarten

A. Gesamtschiffshypothek

I. Für die gleiche Forderung kann eine Schiffshypothek an mehreren Schiffen oder an mehreren (Miteigentümer-)Anteilen eines Schiffes als Gesamtschiffshypothek bestellt werden, § 28 Abs. 1 SchRG. Unabhängig für diese Bestellung ist, ob die Schiffe einem oder mehreren Eigentümern gehören. Bestellen alle Miteigentümer eine Hypothek an ihrem Schiff, so entsteht eine Einzelschiffshypothek und keine Gesamtschiffshypothek. Sie ist „am Schiff" bestellt und nicht, wie § 28 SchRG voraussetzt, an mehreren Schiffen oder „mehreren" Anteilen. Ebenso bleibt auch eine an einem Schiff bestellte Hypothek Einzelhypothek, wenn das Eigentum nach der Bestellung in mehrere Bruchteile geteilt wird. Der für Grundstücke aufgestellte gegenteilige Grundsatz des RG 146/365 kann nicht durchgreifen, da beim Schiff eine reale Teilung nicht möglich ist (so auch Krieger in Pfundtner-Neubert Anm. 2 zu § 28 SchRG).

II. Für die Gesamtschiffshypothek gelten die gleichen Grundsätze wie bei der Einzelschiffshypothek mit folgenden Unterschieden:

a) Jedes Schiff bzw. jeder Anteil eines Schiffes haftet für die gesamte Forderung, § 28 Abs. 1 SchRG.

b) In dem Registerblatt eines jeden Schiffes ist die Mitbelastung von Amts wegen einzutragen. Das gleiche gilt für die Löschung, § 52 SchRegO.

c) Der Gläubiger kann Befriedigung wegen der gesamten Forderung aus einem Schiff ganz oder zum Teil suchen, § 47 Abs. 2 SchRG.

III. **Eigentümerbefugnis** bei Erlöschen der Gesamthypothek

a) bei Erlöschen der Forderung (§ 57 Abs. 1 Satz 1 SchRG), Verzicht des Gläubigers (§ 57 Abs. 2 SchRG) und Gläubigeraufgebot (§ 66 Abs. 2 SchRG) hinsichtlich der Gesamthypothek. Bei Verzicht und Aufgebot nur hinsichtlich eines Schiffes erlischt die Hypothek an diesem Schiff, ohne daß eine Eigentümerbefugnis entsteht, § 71 SchRG.

1. Jedem Eigentümer steht die Befugnis gem. § 57 Abs. 3 SchRG an seinem Schiff oder Anteil nur

zu dem Teilbetrag zu, der dem Verhältnis des Wertes seines Schiffs oder Anteils entspricht, § 68 Abs. 1 Satz 1 SchRG. Durch ein etwaiges Rechtsverhältnis zwischen den einzelnen Schiffseigentümern oder den Miteigentümern kann sich eine andere Verteilung ergeben, § 68 Abs. 1 Satz 1 SchRG.

2. Der Wert der Schiffe oder Anteile wird unter Abzug der Belastungen errechnet, die der Gesamthypothek im Rang vorgehen, § 68 Abs. 1 Satz 2 SchRG.
3. Jeder Eigentümer kann von den übrigen die Aushändigung einer der SchRegO entsprechenden Erklärung über die Höhe des ihm zustehenden Teilbetrages verlangen, § 68 Abs. 2 SchRG. Damit wird die Durchführung der Eigentümerbefugnis für ihn gewährleistet, da sie der Berichtigung des Registers bedarf.

b) bei Befriedigung durch den Eigentümer eines Schiffes.
   1. Ist er auch der persönliche Schuldner, so hat nur er allein die Befugnis gem. § 57 Abs. 3 SchRG an seinem Schiff in Höhe der Gesamthypothek, § 69 Abs. 1 Satz 1 SchRG. An den übrigen Schiffen erlischt sie, weil die Forderung erloschen ist.
   2. Ist er nicht der persönliche Schuldner, so geht die Forderung gem. § 44 SchRG und die Hypothek nur an seinem Schiff auf ihn als „Hypothek des Eigentümers" (forderungsbekleidete Eigentümerhypothek) über. An den übrigen Schiffen erlischt sie, ohne daß deren Eigentümer die Befugnis gem. § 57 Abs. 3 SchRG haben, § 69 Abs. 1 Satz 2 SchRG.
   3. Hat der befriedigende Eigentümer eines Schiffes einen Ersatzanspruch gegen den Eigentümer (oder dessen Rechtsvorgänger) eines anderen mithaftenden Schiffes, so gilt folgendes:
      α) Ist er auch persönlicher Schuldner, so erlischt die Forderung und er hat die Befugnis gem. § 57 Abs. 3 SchRG an seinem Schiff in Höhe der Gesamtforderung, § 69 Abs. 1 Satz 1 SchRG. Dazu geht in Höhe des Ersatzanspruches die Schiffshypothek am anderen Schiff auf ihn über. An die Stelle der ursprünglichen

Hypothekenforderung tritt kraft Gesetzes die Forderung aus dem Erstattungsanspruch (Forderungsauswechslung). Jedoch kann der befriedigende Eigentümer seine ihm nach § 57 Abs. 3 SchRG zustehende Befugnis nur dadurch ausüben, daß mit der am anderen Schiff übergegangenen Hypothek eine Gesamtschiffshypothek begründet wird, d. h. er muß sein Schiff für die Ersatzforderung mitbelasten, § 69 Abs. 2 Satz 2 SchRG. Möglich ist aber auch, daß der befriedigende Eigentümer mit dem Eigentümer des anderen Schiffes Forderungsauswechslung gem. § 55 SchRG vereinbart. Der befriedigende Eigentümer übt seine Befugnis gem. § 57 Abs. 3 zugunsten eines neuen Gläubigers von ihm an seinem Schiff aus. Dieser neue Gläubiger einigt sich mit dem Eigentümer des anderen Schiffes, daß anstelle des Ersatzanspruchs die Forderung gegen den befriedigenden Eigentümer tritt, der als bisheriger Gläubiger des anderen Eigentümers zustimmt. So entsteht eine Gesamthypothek an beiden Schiffen für eine neue Forderung.

β) Ist er nicht der persönliche Schuldner, so geht die Forderung gem. § 44 SchRG und die Hypothek an seinem Schiff auf ihn über, § 69 Abs. 1 Satz 2 SchRG, und in Höhe des Ersatzanspruches auch die Hypothek am andern Schiff. Diese bleibt mit der nach § 69 Abs. 1 Satz 2 SchRG übergegangenen Hypothek Gesamtschiffshypothek, § 69 Abs. 2 Satz 1 SchRG. Der Ersatzanspruch hat demnach keinen Einfluß auf die Schiffshypothek, sondern bildet nur den Grund für ihr Fortbestehen.

γ) Wird der Gläubiger aus dem Schiff im Wege der Zwangsvollstreckung befriedigt, so hat der Eigentümer dieses Schiffes wohl keine Befugnis gem. § 57 Abs. 3 SchRG mehr, da das Erlöschen durch Zwangsversteigerung nicht einbegriffen ist. Jedoch geht infolge des Ersatzanspruches die Hypothek am andern Schiff auf ihn über, § 69 Abs. 5 SchRG.

c) Wird das Gläubigerrecht auf einen Eigentümer übertragen (Konsolidation) oder vereinigt sich Schuld und Forderung in der Person des Eigentümers (Konfusion), so gilt dies als Befriedigung durch den Eigentümer, § 69 Abs. 4 SchRG. Die Grundsätze zu b) kommen zur Anwendung.

d) Befriedigt der persönliche Schuldner, der nicht einer der dinglich haftenden Eigentümer ist, oder vereinigen sich in ihm Forderung und Schuld, § 59 SchRG, und hat er

1. vollen Ersatzanspruch

   α) gegen alle Eigentümer, so geht die Hypothek gem. § 59 SchRG auf ihn über,

   β) gegen nur einen Eigentümer, so geht die Hypothek nur an dessen Schiff auf ihn über. An den übrigen Schiffen erlischt sie. Deren Eigentümer haben auch keine Befugnis gem. § 57 Abs. 3 SchRG. § 70 Abs. 1 SchRG.

2. nur zum Teil bestehenden Ersatzanspruch

   α) gegen alle Eigentümer, so geht die Hypothek nur zu diesem Teil auf ihn gem. § 59 Abs. 2 SchRG über,

   β) gegen nur einen Eigentümer, so geht die Hypothek nur an dessen Schiff zum Teil in Höhe des Ersatzanspruches auf ihn über. Im übrigen erlischt sie zum Teil, soweit nicht der Ersatzanspruch besteht, am Schiff des ersatzpflichtigen Eigentümers und der übrigen Schiffe.

   γ) Hinsichtlich dieses letzten Teils steht den Eigentümern die Befugnis gem. § 57 Abs. 3 SchRG nach § 68 SchRG zu. Jedoch wird der Teilbetrag des § 68 SchRG in der Weise berechnet, daß außer den in Anrechnung zu bringenden Belastungen (§ 68 Abs. 1 Satz 2 SchRG vgl. oben a) 2) noch der an den persönlichen Schuldner übergegangene Teilbetrag (nämlich in Höhe der Ersatzforderung) vorweg abzuziehen ist, § 70 Abs. 2 SchRG. Damit besteht für den ersatzpflichtigen Eigentümer, falls er dem Schuldner Ersatz leistet, wieder eine nochmalige Befugnis für diesen Teil gem. § 57 Abs. 3 SchRG.

IV. Der Gläubiger hat das Recht, die Gesamtschiffshypothek in mehrere Einzelhypotheken aufzulösen, § 28 Abs. 2 SchRG. Aufteilung der Forderung erfolgt auf jedes Schiff oder jeden Anteil. Dann haftet jedes Schiff oder jeder Anteil nur für den zugeteilten Betrag. Zur Wirksamkeit der Aufteilung ist erforderlich:

a) einseitige Erklärung des Gläubigers.

   Die Erklärung des Gläubigers ist dem Registergericht oder dem Begünstigten gegenüber abzugeben. Für die Bindung an die Erklärung gilt § 3 Abs. 2 und 3 SchRG sinngemäß.

b) Eintragung in das Register.

c) Zustimmung etwaiger Drittberechtigter an der Hypothek.

   Die Zustimmung des Dritten ist gegenüber Registergericht oder Begünstigtem abzugeben und ist unwiderruflich.

   Zustimmung der Eigentümer ist nicht erforderlich.

B. Inhaber- und Orderhypothek.

I. Die Schiffshypothek kann für die Forderung aus einer Schuldverschreibung auf den Inhaber oder an Orderpapieren bestellt werden (z. B. Schuldverschreibung gem. § 793 BGB, Wechsel, kaufmännischen Verpflichtungsschein und Anweisung, Konnossement, Lagerschein, Ladeschein, Transportversicherungsschein, Bodmereibrief).

   Zur Bestellung ist notwendig:

   a) **Bei Schuldverschreibung** auf den Inhaber nur die **einseitige Erklärung des Eigentümers** gegenüber dem Registergericht, daß er die Hypothek bestelle, und **Eintragung,** § 72 Abs. 1 SchRG,

   b) **bei Orderpapieren Einigung und Eintragung,** §§ 8, 3, 72 Abs. 1 SchRG.

II. Die **Übertragung** richtet sich nicht nach §§ 51 ff SchRG, sondern **nach dem Wertpapierrecht,** § 73 SchRG. Nach diesem richtet sich auch der Schutz des gutgläubigen Forderungserwerbs.

   a) Der Übergang der Hypothek vollzieht sich kraft Gesetzes gem. § 51 Abs. 1 SchRG außerhalb des Registers.

b) Die Eintragung des neuen Gläubigers kann im Wege der Berichtigung erfolgen. Hierzu, wie zu sonstigen Änderungen des Rechts, ist dann allerdings gem. § 47 Abs. 1 SchRegO die Urkunde vorzulegen, was bei der Bestellung nicht erforderlich ist.

III. Für die jeweiligen Hypothekengläubiger kann ein Vertreter bestellt werden, § 74 SchRG. Dieser muß im Register eingetragen werden. Er hat die Befugnis, die Gläubiger und jeden späteren Gläubiger in bestimmten Verfügungen über die Hypothek und bei ihrer Geltendmachung zu vertreten. Dieser Vertreter braucht nicht bei Rechtsänderungen die Urkunden dem Registergericht vorzulegen, § 47 Abs. 2 SchRegO.

IV. Der Ausschluß eines Gläubigers im Wege des Aufgebots nach § 66 SchRG ist bei einer Hypothek für eine Forderung aus einer Inhaberschuldverschreibung erst nach Ablauf der Vorlegungsfrist des § 801 BGB möglich. Ist Vorlage oder gerichtliche Geltendmachung des Anspruches innerhalb dieser dreißigjährigen Frist erfolgt, so kann der Gläubiger erst ausgeschlossen werden, wenn von diesem Zeitpunkt die zweijährige Verjährungsfrist abgelaufen ist, § 72 Abs. 2 SchRG; § 801 Abs. 1 Satz 2 BGB.

C. Höchstbetragshypothek

I. Die Hypothek kann auch für einen Höchstbetrag der Forderung, für den das Schiff (Bauwerk) haften soll, bestellt werden. Die Feststellung der Forderung bleibt vorbehalten, § 75 Abs. 1 SchRG.

a) Notwendig ist **Einigung und Eintragung** des Höchstbetrages. Tatsächlich entsteht sie jedoch nur, soweit eine Forderung auch besteht. Die Zinsen sind nicht eintragungsfähig, sondern im Höchstbetrag eingerechnet, § 75 Abs. 2 SchRG.

b) Die Unterwerfungsklausel der sofortigen Zwangsvollstreckung gem. §§ 794 Abs. 1 Nr. 5; 800, 800a ZPO ist hier nicht möglich, da es an der bestimmten Höhe des Forderungsbetrages fehlt.

II. **Übertragen** kann werden:

a) die **Forderung** (auch teilweise) **allein** ohne die Hypothek nach den allgemeinen Vorschriften,

§§ 398 ff BGB. Dann verbleibt die Schiffshypothek dem Gläubiger in vollem Umfange des Höchstbetrages, § 75 Abs. 3 SchRG,

b) **nach den Vorschriften** über die Abtretung der **Schiffshypothek,** § 51 Abs. 3 SchRG. Abgetreten werden kann nicht nur der bereits entstandene Betrag, sondern auch der Höchstbetrag vor ziffernmäßiger Feststellung.

III. **Eine gesetzliche** Form der Höchstbetragshypothek besteht in der Eintragung einer Arresthypothek gem. § 931 Abs. 6 ZPO. Der Lösungsbetrag ist der Höchstbetrag (vgl. unten § 28 A II f).

IV. Die **Eigentümerbefugnis** nach § 57 Abs. 3 SchRG ist auch bei der Höchstbetragshypothek gegeben, jedoch nur insoweit, als die Hypothek auch tatsächlich bestanden hat, also eine „Belastung" bedeutete (vgl. § 57 Abs. 3 Satz 1 SchRG).

D. Valuta- und wertbeständige Hypotheken

Die Bestellung solcher Hypotheken ist infolge der für dieses Gebiet erlassenen Bestimmungen der Besatzungsmacht in ihrem praktischen Wert stark eingeschränkt, jedoch noch denkbar.

Bei einer Schiffshypothek muß allerdings der Geldbetrag der Forderung angegeben werden, § 24 Abs. 1 SchRG. Dieser Geldbetrag ist kraft gesetzlicher Vorschrift „in Reichswährung" anzugeben, § 36 SchRegO. Ausnahmen sind jedoch zugelassen. Die 1. DVO zum SchRG ordnet in Art. 16 an, daß es für diese Art der Hypotheken bei den Vorschriften der VO über wertbeständige Schiffspfandrechte vom 12. 2. 24 (RGBl. I S. 65) und der VO über wertbeständige Rechte vom 16. 11. 40 (RGBl. I S. 1521), des Gesetzes über Eintragung von Schiffspfandrechten in ausländischer Währung vom 26. 1. 23 und des 2. Gesetzes hierüber vom 29. 3. 23 i. d. F. vom 19. 12. 30 verbleibt (RGBl. I 1923 S. 90 und 232; 1930 S. 629).

I. Die **effektive Goldmünzklausel** ist durch § 36 SchRegO an sich nicht ausgeschlossen. Sie ist jedoch sowieso nicht mehr denkbar, da sie bereits seit der VO vom 18. 9. 14 für unverbindlich erklärt worden ist (vgl. RG 136/172). Sie ist auch wegen § 245 BGB nutzlos, da Goldmünzen nicht mehr im Umlauf sind.

II. Die **effektive Valutaklausel** ist an sich wegen der Weitergeltung des Gesetzes vom 29. 3. 23 denkbar. Danach war ihre Bestellung von der „Einwilligung der obersten Landesbehörde" (§ 1 des Gesetzes) abhängig. Diese Einwilligung kann aber durch eine deutsche Landesbehörde wegen ihrer Unzuständigkeit auf diesem Gebiet (vgl. Mit.-Reg. VO Nr. 57 vom 1. 12. 1946) nicht abgegeben werden. Sie ist abhängig von der Zustimmung der Mil.-Reg. und zwar vor der Währungsreform gem. Art. II 4 des Mil.Reg.Ges. Nr. 51 i. d. F. der Mil.-Reg.VO Nr. 92 vom 1. 7. 47, nach der Währungsreform gem. § 3 Währungsgesetz.

III. Es bleiben dann noch die sogen. **Wertsicherungsklauseln**. Die Aufnahme solcher Klauseln wird gerade in Zeiten unsicherer Währungslagen mehr denn je wünschenswert erscheinen.

a) Für die Zeit vor der Währungsreform ist folgendes zu bemerken:

1. Die Goldwertklausel ist durch die VO vom 16. 11. 40 nicht ausgeschlossen. Fraglich ist, ob überhaupt die gesetzlichen Grundlagen für ihre Zulässigkeit noch gegeben waren. Die Anwendbarkeit der VO vom 16. 11. 40 ist angezweifelt worden (vgl. hierzu Friedrich in DJZ 1947 S. 293; Duden in DJZ 1947 S. 290 Anm. 21; Zweigert in DJZ 1947 S. 170). Nimmt man an, daß sie noch weiter galt, so ist die Vereinbarung der Goldwertklausel wegen der Verweisung auf § 14 Abs. 2 des Reichsbankgesetzes und der damit verbundenen Gleichsetzung 1 Goldmark = 1 Reichsmark (vgl. § 1 der VO) an sich nutzlos, da jede Goldmark (Feingold)-hypothek danach dem Wert in der gleichen Summe Reichsmark gleichkam. Dazu kommt, daß durch die Mil.Reg.VO Nr. 92 auch Goldmarkhypotheken bei Fälligkeit in Reichsmark erfüllbar waren. Hält man die VO vom 16. 11. 40 für nicht mehr gültig, weil die Verweisung auf § 14 Abs. 2 Reichsbankgesetz wegen der tatsächlichen Unmöglichkeit der Abgabe von Barrengold und des Verbots der Mil.Reg.Ges. Nr. 52 und Nr. 53 hinfällig ist, so war die Wertberechnung einer Goldmark(Feingold)hypothek von der Notierung

des amtlichen Londoner Goldpreises abhängig. Eine solche Notierung für die Reichsmark erfolgte s. Zt. nicht. Der Geldbetrag der Hypothek wäre somit nicht bestimmbar, ihre Eintragung damit unzulässig gewesen.

2. Auch die unechte Valutaklausel war nicht realisierbar, da jede Notierung der Reichsmark an ausländischen Börsen fehlte.

3. Ebenso konnte keine Indexklausel vereinbart werden, da kein Index aufgestellt wurde.

b) Für die Zeit nach der Währungsreform sind nach Einführung der neuen Rechnungseinheit, der Deutschen Mark, durch § 3 des Währungsgesetzes hinsichtlich der Wertsicherungsklauseln eindeutigere Bestimmungen geschaffen. Sowohl die effektive Valutaklausel, die Goldwertklausel, unechte Valutaklausel und auch eine Indexklausel sind an sich denkbar. Nur bedarf ihre Abmachung der Genehmigung der für die Erteilung von Devisengenehmigung zuständigen Stellen. Maßgebend hierfür ist gem. Mil.Reg.VO Nr. 37 vom 1. 12. 46 die Mil.-Reg., da die deutschen Länder für dieses Gebiet nicht zuständig sind. Es ist also möglich, mit Zustimmung der Mil.-Reg. eine solcher oben erwähnten Klauseln zu schaffen. Sie hat jedoch, selbst solch eine Genehmigung vorausgesetzt, mit Ausnahme der effektiven Valutaklausel keinen praktischen Wert. Auch die Deutsche Mark wird an ausländischen Börsen nicht notiert, ein Index besteht weiter nicht und die Notierung des amtlichen Londoner Goldpreises für die Deutsche Mark erfolgt ebenso nicht.

Nach alledem ist der Betrag der Hypothek bei solchen Klauseln z. Zt. nicht bestimmbar, was aber Voraussetzung gem. § 8 SchRG ist. Die Bestellung einer Schiffshypothek mit Wertsicherungsklausel ist z. Zt. daher nicht möglich.

§ 24 Rangverhältnis der Belastungen

Die Eintragungen von Belastungen eingetragener Schiffe und Schiffsbauwerke werden in Abt. III des Registers vollzogen §§ 35, 42, 59 SchRegVfg.

A. Rangverhältnisse **verschiedener** Belastungsarten.

I. In Abteilung III Spalte 3 des Seeschiffsregisters können eingetragen sein: Schiffshypothek, Nießbrauch und Pfandrecht an einer Schiffspart, § 35 SchRegVfg. Nur zwischen **Schiffshypothek und Nießbrauch** als echte dingliche Belastungen kann ein Rangverhältnis bestehen. Dieses bestimmt sich nach dem **Zeitpunkt,** nicht nach der Reihenfolge der **Eintragungen,** § 82 Abs. 2 SchRG. Zwischen Hypothek (oder Nießbrauch) und Partpfandrecht besteht kein Rangverhältnis. Beide sind keine gleichwertigen und keine gleichartigen Rechte. Die Hypothek ist das Pfandrecht an einer Sache, Partpfandrecht besteht an einem Recht.

II. In Abt. III Sp. 3 des Binnenschiffsregisters können nur Schiffshypothek und Nießbrauch als Sachbelastung auftauchen, § 42 SchRegVfg. Für diese beiden Belastungen gilt ebenfalls § 82 SchRG. Das Rangverhältnis bestimmt sich nach dem Zeitpunkt der Eintragungen.

III. In Abt. III Sp. 3 des Schiffsbauregisters endlich kann nur die Schiffshypothek auftauchen, § 59 SchRegVfg, da der Nießbrauch begrifflich hier nicht denkbar ist. Wohl gibt es bei Schiffsneubauten auch eine Baureederei, auf die die Vorschriften über die Reederei Anwendung finden, § 509 HGB. Jedoch ist danach § 503 HGB, der von der rechtlichen Behandlung der Schiffspart spricht, erst **nach** Vollendung des Bauwerks und Ablieferung durch den Erbauer anzuwenden, § 509 Abs. 1 HGB. Nach Vollendung besteht aber kein Bauwerk mehr, sondern schon ein Schiff, wenn auch noch in unfertigem Zustand (vgl. Wüstendörfer § 9 III B 2 b), das in das Schiffsregister einzutragen ist. Die Begründung eines eintragungsfähigen Pfandrechts an einer Part der Baureederei, also an einem Schiffsbauwerk, ist daher nicht möglich.

B. Rangverhältnisse **gleicher** Belastungsarten.

I. Beim **Nießbrauch** kann nur eine einmalige unteilbare Belastung am Schiff vorkommen. Wird an Bruchteilen ein Nießbrauch bestellt, so ist für das Rangverhältnis untereinander die Reihenfolge der Eintragungen maßgebend, § 49 Abs. 1 Satz 1 SchRegO.

II. Ein Schiff oder Schiffsbauwerk kann auch mit **mehreren Hypotheken** belastet werden.

a) **Gesetzliche Rangordnung.**

Das Rangverhältnis der Hypotheken bestimmt sich nach der **Reihenfolge der Eintragungen,** § 25 Abs. 1 Satz 1 SchRG. Die Reihenfolge bestimmt sich nach dem Zeitpunkt des Eingangs des Antrags beim Registergericht.

1. Gehen die Anträge zu verschiedenen Zeitpunkten ein, so erhalten die Hypotheken eine entsprechende Rangfolge, § 49 Abs. 1 Satz 1 SchRegO.
2. Gehen die Anträge gleichzeitig ein, so haben die Hypotheken gleichen Rang, § 49 Abs. 1 Satz 2 SchRegO. Dies ist im Register zu vermerken.

b) **Vereinbarte Rangfolge.**

1. Die von der gesetzlichen abweichende Rangordordnung kann von den Antragstellern bei der Bestellung bestimmt werden, § 49 Abs. 3 SchRegO. Sie bedarf der **Einigung und der Eintragung** in das Register, § 25 Abs. 2 SchRG.
2. **Nachträgliche** Rangänderung (Rangtausch, Vorrangseinräumung) kann durch die Beteiligten vorgenommen werden. Eine nachträgliche Rangänderung liegt auch vor, wenn der Rang einer bereits eingetragenen Hypothek bei Bestellung einer neuen zu deren Gunsten geändert wird, § 26 Abs. 1 SchRG.

   Erforderlich ist:

   α) Einigung zwischen vortretendem und zurücktretendem Gläubiger. § 3 Abs. 2 u. 3 SchRG gilt sinngemäß.

   β) Zustimmung des Eigentümers gegenüber Registergericht oder einem der Gläubiger. Sie ist unwiderruflich.

   γ) Zustimmung eines etwaigen an der zurücktretenden Hypothek berechtigten Dritten gegenüber Registergericht oder einem der Gläubiger. Sie ist unwiderruflich.

   δ) Eintragung in das Register.

   § 26 Abs. 2 u. 3 SchRG.
3. Der eingeräumte Rang geht nicht verloren, wenn die zurücktretende Hypothek durch Rechtsge-

schäft aufgehoben wird, § 26 Abs. 4 SchRG. Dagegen geht der Vorrang verlustig, wenn die Aufhebung kraft Gesetzes erfolgt.

4. Die Hypothek, die den Rang zwischen der zurücktretenden und der vortretenden hat, wird in ihrer Rechtsposition nicht durch die Rangänderung berührt, § 26 Abs. 5 SchRG.

c) **Rangvorbehalt.**

1. Bei der Belastung kann sich der Eigentümer vorbehalten, später eine andere Hypothek mit dem Rang vor der jetzt einzutragenden eintragen zu lassen, § 27 Abs. 1 SchRG.

   Voraussetzung:

   α) Einigung zwischen dem Eigentümer und dem Hypothekengläubiger, der durch den Vorbehalt betroffen wird.

   β) Eintragung des Vorbehalts bei der zurücktretenden Hypothek.

   § 27 Abs. 2 SchRG.

2. Die Vorbehaltsbefugnis geht bei der Veräußerung auf den Erwerber über, § 27 Abs. 3 SchRG.

3. Die zurücktretende Hypothek erleidet durch Zwischeneintragung ohne Vorbehalt keine über den Vorbehalt hinausgehende Beeinträchtigung, § 27 Abs. 4 SchRG.

III. **Besonderheiten** hinsichtlich des Rangs können sich bei **Teilung der Hypothek** ergeben.

a) Eine Teilung tritt ein, wenn die Forderung geteilt wird (durch teilweise Abtretung oder teilweise Befriedigung).

1. Die Teilhypotheken haben grundsätzlich gleichen Rang.

2. Der Rang untereinander kann rechtsgeschäftlich geändert werden.

   Notwendig ist Einigung zwischen den Teilhypothekengläubigern und Eintragung bei der Hypothek. Zustimmung des Eigentümers ist nicht erforderlich, § 26 Abs. 6 SchRG.

b) Bei **Teilung kraft Gesetzes** ist jedoch die **Rangfolge vorgeschrieben.** Der Übergang des neuen Teils darf nicht zum Nachteil des bisherigen Alleingläubigers geltend gemacht werden (sog. **Kollisionsklausel).** Rangmäßig steht demnach der dem alten Gläubiger verbleibende Teil vor dem neuen. Einer **Eintragung** dieses Rangverhältnisses bedarf es nicht und ist auch **nicht vorgesehen.** Der Gläubiger muß dieses Recht im Wege der Einrede oder prozeßrechtlichen Erinnerung geltend machen.

Die Kollisionsklausel ist gegeben:

1. bei Übergang eines Teils der Hypothek bei Befriedigung durch den Versicherer, § 37 SchRG.
2. bei teilweiser Befriedigung durch den nicht persönlich haftenden Eigentümer, § 44 Abs. 1 SchRG.
3. bei teilweiser Befriedigung durch einen lösungsberechtigten Dritten, § 50 Abs. 2 SchRG.
4. bei teilweisem Erlöschen hat der dem Gläubiger verbleibende Teil gegenüber der vom Eigentümer gem. § 57 Abs. 3 SchRG bestellten Hypothek den Vorrang, § 57 Abs. 4 SchRG.
5. bei voller Befriedigung durch den persönlichen Schuldner und teilweisem Ersatzanspruch des persönlichen Schuldners gegen den Eigentümer geht seine Teilhypothek der von diesem gem. § 57 Abs. 3 SchRG bestellten Hypothek vor, § 59 Abs. 1 SchRG.
6. bei teilweiser Befriedigung durch den persönlichen Schuldner, § 59 Abs. 2 SchRG.
7. bei teilweisem Erlöschen der Gesamthypothek gegenüber der von einem Eigentümer gem. § 57 Abs. 3 SchRG bestellten Hypothek,. § 68 Abs. 3 SchRG.
8. bei teilweiser Befriedigung des Gläubigers einer Gesamthypothek im Wege der Zwangsvollstreckung, § 69 Abs. 5 SchRG.

IV. Das Rangverhältnis mehrerer Partpfandrechte folgt aus § 49 SchRegO nach der Reihenfolge der Eintragungen.

D. **Allen eingetragenen Belastungen** gegenüber haben jedoch die (nicht eingetragenen) **Schiffsgläubigerrechte** einen **Rangvorzug.**

Bei eingetragenen Seeschiffen gehen alle Schiffsgläubigerrechte allen anderen Pfandrechten, also auch Hypotheken, vor, § 777 HGB. Bei eingetragenen Binnenschiffen ist eine Einschränkung zugunsten der sonstigen Pfandrechte (also auch der Hypotheken) gemacht, § 109 BSchG.

§ 25 Währungsreform und Schiffshypothek

I. Die einer vor der Währungsreform eingetragenen Schiffshypothek zugrundeliegende Forderung ist ebenso wie die einer Grundstückshypothek von der Währungsumstellung erfaßt. Dies gilt auch für etwa noch bestandene GM-Hypotheken (§ 2 Währ.Ges., §§ 13 Abs. 3, 16 Umst.Ges.). Damit besteht im Verhältnis von Gläubiger zu dinglichem und persönlichem Schuldner nur noch eine Schiffshypothek in Höhe von 1/10 des früheren Nennbetrages in DM.

II. In den bisher getroffenen gesetzlichen Regelungen über die weitere Behandlung der Hypotheken und Grundschulden nach der Währungsumstellung (Löschung von RM-Hypotheken nach der Währungsreform usw.), insbesondere der restlichen 9/10 des Nennbetrages (Heranziehung zum Lastenausgleich usw.) ist die Frage, wie mit der Schiffshypothek zu verfahren ist, nicht gesondert behandelt. Lediglich § 1 Abs. 2 des Ges. zur Sicherung von Forderungen für den Lastenausgleich vom 2. 9. 48 (LastAusglSichGes.) (GVBl. d. Wirtsch.Rat 1948 S. 87, VOBl. BZ 1948 S. 277) ordnet an, daß die für die Grundstückshypotheken getroffenen Bestimmungen auf die im Schiffsregister eingetragenen Pfandrechte an eingetragenen Schiffen entsprechend anzuwenden sind. Die DVO vom 7. 9. 48 zu diesem Lastenausgleichssicherungsgesetz (VOBl. BZ 1948 S. 278) spricht neben allgemeinen Anordnungen über die Durchführung des Gesetzes (§§ 1 und 2) und Verwendung der gewonnenen Mittel (§ 3) jedoch nur von Grundstücken (§§ 4 ff). Auch die AO des Nds. Staatsministeriums vom 23. 9. 48 zur Durchführung des LastAusglSichGes. (Nds. Rechtspfl. 1948 S. 213, ABl f. Nds. 1948 S. 272) und die AV'en des Nds. Min. d. Inn. vom 30. 8. und 11. 10. 1948 (Nds. Rechtspfl. 1948 S. 186 und 209) sowie die Stellungnahme des Büros für Währungsfragen und der Vertreter der Justizbehörden (ZJBl. 1948 S. 201) sprechen nur vom Grundstück und Grundbuchrecht. Jedoch können die dort für die Grundstückshypothek getroffenen Bestimmungen und entwickelten Behandlungsformen auch auf die Schiffshypothek angewandt werden, da diese in ihrem Charakter ganz der liegenschaftsrechtlichen Hypothek gleichgestellt ist. Nur ist zu beachten, daß eine „Grundschuld" im Schiffssachenrecht unbekannt ist. Es kann somit auch eine „Umstellungsgrundschuld" i. S. des § 1 Abs. 1 LastAusglSichGes. begrifflich nicht im Schiffsregister entstehen. Solange für die Behandlung der Schiffshypothek keine gesonderten Bestimmungen getroffen werden, ist eben entsprechend zu verfahren.

III. Die zum Nennbetrag in RM oder GM eingetragene Schiffshypothek hat folgendes Schicksal. Sie wird zu 1/10 des Nennbetrages eine DM-Hypothek und behält für den bisherigen Gläubiger den gleichen Rang. Hinsichtlich des Restes erlischt sie, da die Forderung untergegangen ist. Es entsteht daher auch keine Eigentümerbefugnis. Unmittelbar im Range danach entsteht mit Wirkung ab 1. 7. 48 eine Schiffshypothek in Höhe von 9/10 des ursprünglichen Nennbetrages in DM für das Land, in dem das Registergericht gelegen ist (entspr. § 1 Abs. 1 LastAusglSichGes., § 1 DVO). Soweit der neuen umgestellten DM-Hypothek eine höhere Forderung als 1/10 des ursprünglichen Nennbetrages der RM-Hypothek (infolge anderweitig zulässig gewesener Umwandlung) zugrunde liegen darf, entsteht die Umstellungs-Schiffshypothek des Landes nur in Höhe des Betrages, um den der ursprüngliche Nennbetrag den jetzigen DM-Betrag übersteigt. Ist die RM-Schiffshypothek im Verhältnis 1 : 1 umgewandelt worden (vgl. § 18 Umst.Ges.), so entsteht auch keine Umstellungs-Schiffshypothek des Landes. Dieser Rechtsvorgang ist ähnlich zu werten, wie die gesetzliche Teilung einer Hypothekenforderung (vgl. § 24 B III b), wenn auch eine Teilung der ursprünglichen Forderung nicht stattgefunden hat, da diese nur noch infolge § 16 Umst.Ges. zu 1/10 des ursprünglichen Nennbetrages besteht. Daher ist kraft Gesetzes eine **Neuentstehung** mit gesetzlich geregelter Rangordnung bestimmt. Insofern liegt auch kein Gläubigerwechsel vor (vgl. § 18 A). Diese Umstellungs-Schiffshypothek entsteht auch regelwidrig ohne Eintragung (vgl. ähnlich § 847 a Abs. 2 Satz 2 ZPO). Die Eintragung hätte nur berichtigende Wirkung. Da jedoch das Schiffsregister dem Grundsatz des öffentlichen Glaubens unterliegt, könnte an einen Verlust dieser nicht eingetragenen Hypothek bei Rechtsgeschäftlichem Erwerb des Schiffes gedacht werden. Dieser Verlust ist jedoch ausgeschlossen. Durch die entsprechende Anwendung des § 1 Abs. 1 LastAusglSichGes. ist ausdrücklich bestimmt (§ 1 Abs. 2 LastAusglSichGes.), daß diese Schiffshypotheken des Landes zu ihrer Entstehung und Wirksamkeit gegenüber Dritten, also auch gegenüber einem gutgläubigen rechtsgeschäftlichen Erwerber, nicht der Eintragung in das Register bedürfen.

Die der ursprünglichen RM-Hypothek nachfolgenden RM-Hypotheken erfahren die gleiche Behandlung. Die nächste umgestellte Hypothek geht demnach im Range der für das Land durch Umstellung der ihr vorgehenden Hypothek kraft Gesetzes ohne Eintragung entstandenen Umstellungs-Schiffshypothek nach. Ihr wiederum folgt unmittelbar die durch ihre Umstellung entstandene Schiffshypothek des Landes.

Abschnitt V Zwangsvollstreckung

Erster Unterabschnitt: Nichteingetragene Schiffe und Schiffsbauwerke.

§ 26 Pfändung

A. I. a) Die Pfändung eines **Schiffes** erfolgt nach den gleichen Grundsätzen wie bei beweglichen Sachen nach §§ 803 ff ZPO. Zu beachten ist aber bei Seeschiffen § 482 HGB (vgl. hierzu unten § 28 A II g). Der Gerichtsvollzieher muß das Schiff in Besitz nehmen, § 808 Abs. 1 ZPO. Dies erfolgt meistens entspr. § 808 Abs. 2 Satz 2 ZPO dadurch, daß er das Schiff „an“ oder „in die Kette“ legt (vgl. hierüber Wüstendörfer § 12 I 2).

b) Die Eintragung eines eintragungsfähigen, aber nicht eintragungspflichtigen Seeschiffes (vgl. oben § 7 A II) kann ein Gläubiger nicht erzwingen, wie es bei Schiffsbauwerken vorgesehen ist (vgl. hierüber unten § 28 C I). Das Recht auf Eintragung eines eintragungsfähigen, aber nicht eintragungspflichtigen Seeschiffes (vgl. §§ 3 Abs. 2, 10 Abs. 1 Nr. 1 SchRegO) ist als bloße Befugnis des Eigentümers kein Bestandteil seines Vermögens und damit auch nicht pfändbar (vgl. Schönke für ähnliche Befugnisse § 20 II 1).

II. Die Verwertung erfolgt durch Versteigerung (weniger üblich geworden), § 814 ZPO, meistens durch „andere Art der Verwertung" auf Antrag des Gläubigers oder des Schuldners, § 825 ZPO, also z. B. freihändiger Verkauf oder Überweisung an den Gläubiger.

B. Die Pfändung eines **Schiffsbauwerks,** das nicht eingetragen und **auch nicht eintragungsfähig** ist, vollzieht sich nach den gleichen Grundsätzen wie die Pfändung eines Schiffes nach §§ 803 ff ZPO (Über eintragungsfähige Bauwerke vgl. unten § 28 C I)

C. Pfändung von **Schiffsanteilen**

I. a) Die Pfändung einer **Schiffspart** erfolgt nach § 857 ZPO wie in „ein anderes Vermögensrecht", also durch Pfändungsbeschluß (§ 829 ZPO) Bewirkt ist sie durch Zustellung an den Schuldner (§ 857 Abs. 2 ZPO) oder den Korrespondentreeder, wenn solcher vorhanden ist (§ 493 Abs. 1 HGB).

b) Die Verwertung einer gepfändeten Part erfolgt nach § 857 Abs. 5 ZPO Sie ist nicht möglich durch Überweisung zur Einziehung oder an Zahlungs Statt, da es eine Ausübung des Rechts zum Zwecke der Befriedigung nicht gibt und die Part keinen Nennwert hat (so auch Sebode in Das Recht 1941 S. 623). Sie kann nur durch Veräußerung geschehen (vgl. Sydow-Busch Anm. 8 zu § 858 alt).

c) § 858 ZPO, der von der Zwangsvollstreckung in eine Schiffspart spricht, gilt nur für Schiffsparten eingetragener Schiffe, da er die Eintragung der Pfändung in das Register vorschreibt, die Eintragung einer Schiffspart allein, ohne daß das Schiff selbst eingetragen ist, jedoch nicht möglich ist. Auch besteht keine Möglichkeit und kein Anspruch des Gläubigers eines Partreeders, die Eintragung eines an sich eintragungsfähigen Schiffes zu betreiben. Die Anmeldung zur Eintragung ist ein Recht des Eigentümers (§ 10 Abs. 1 SchRegO) oder der Miteigentümer (§ 10 Abs. 2 SchRegO). Es kann dahingestellt bleiben, ob der Mitreeder die Anmeldung gem. § 10 Abs. 2 SchRegO vornehmen darf. Er wird es im Hinblick auf § 491 Abs. 1 HGB nicht können. Auch ist unter Miteigentümer nur der Bruchteilseigentümer zu verstehen, da sonst das Gesetz in § 10 Abs. 2 SchRegO den Mitreeder ebenfalls erwähnt hätte. Auf jeden Fall greifen für die Anmeldebefugnis die Ausführungen zu A I b) Platz.

II. Der **Bruchteilsanteil** ist nach § 857 ZPO pfändbar und verwertbar. § 864 Abs. 2 ZPO, wonach die Vorschriften über das unbewegliche Vermögen gem. § 864 Abs. 1 PZO Anwendung finden, kommt nicht zum Zuge, da er nur für eingetragene Schiffe gilt.

III. a) Bei **Gesamthandsanteil** richtet sich die Pfändbarkeit nach dem zu Grunde liegenden Rechtsverhältnis (Gesellschaft, Erben- oder Gütergemeinschaft, OHG usw.). Soweit eine Pfändbarkeit gegeben ist, vollzieht sich die Pfändung ebenfalls nach § 857 ZPO. Drittschuldner sind dann die anderen Gesellschafter usw.

b) Die Verwertung richtet sich nach den für das einzelne Rechtsverhältnis geltenden allgemeinen Vorschriften (Überweisung zur Einziehung oder Veräußerung), vgl. §§ 725 Abs. 1 BGB 135, 161 Abs. 2; 339 Abs. 1, HGB 231 Abs. 1 AktGes 859 Abs 1 ZPO; 859 Abs 2 ZPO 86 Abs. 2 FGG; 860 Abs. 2 ZPO 99 Abs. 1 FGG.

§ 27 Arrest

I. **Bei Schiffen**

Die Vollziehung des Arrestes erfolgt durch Pfändung (§ 930 ZPO) wie bei beweglichen Sachen. Dabei ist aber bei Seeschiffen § 482 HGB zu beachten (vgl. hierzu unten § 28 A II g).

II. **Bei Schiffsbauwerken**

Auch hier geschieht die Vollziehung ebenfalls durch Pfändung nach den allgemeinen Vorschriften für bewegliche Sachen, wenn es sich um ein auch nicht eintragungsfähiges Bauwerk handelt.

III. **Bei Schiffsanteilen**

a) Die Vollziehung des Arrestes in eine Schiffspart geschieht durch Pfändung nach § 857 ZPO. Eine Veräußerung ist jedoch nicht möglich, da der Arrest nur zur Sicherung dient.

b) Ebenso erfolgt der Arrestvollzug in einen **Bruchteilsanteil** nur durch Pfändung gem. § 857 ZPO.

c) Bei einem **Gesamthandsanteil** kommt ebenfalls, soweit Pfändbarkeit besteht, § 857 ZPO zur Anwendung. Auch hier findet keine Verwertungsmaßnahme statt.

Zweiter Unterabschnitt: Eingetragene Schiffe und Schiffsbauwerke

§ 28 Zwangsschiffshypothek und Zwangsversteigerung

Die Zwangsvollstreckung in eingetragene Schiffe und Schiffsbauwerke erfolgt nach liegenschaftsrechtlichen Grundsätzen. Sie sind anzuwenden, wenn nicht Besonderheiten gegeben sind, § 864 Abs. 1 ZPO.

A. Die Zwangsvollstreckung in **Schiffe** erfolgt:

1. durch Zwangseintragung einer Schiffshypothek (zur Sicherung der Befriedigung) und/oder
2. durch Zwangsversteigerung (zur Befriedigung), §§ 870a Abs. 1 u. 2; 866 Abs. 2 ZPO.

I. **Zwangshypothek**

a) Zur Entstehung ist notwendig:

1. vollstreckbarer Titel über eine Forderung von mehr als 300 DM ohne Zinsen, §§ 870a Abs. 2; 866 Abs. 3 ZPO.

   Eine Wertgrenze bei Werftbesitzerhypotheken ist nicht notwendig.
2. Eintragungsantrag des Gläubigers an das Registergericht.
3. Eintragung in das Register, §§ 870a Abs. 2; 867 Abs. 1 Satz 2 ZPO.

b) Die Zwangshypothek ist auch zulässig an mehreren Schiffen des gleichen Eigentümers. Erforderlich ist jedoch eine Forderungsaufteilung durch den Gläubiger auf die einzelnen Schiffe, § 867 Abs. 2 ZPO.

c) Zulässig ist auch eine Zwangshypothek auf Grund mehrerer Schuldtitel des gleichen Gläubigers, § 866 Abs. 3 Satz 2 ZPO.

d) Die Zwangshypothek steht einer Schiffshypothek gleich. Ihre rechtliche Behandlung richtet sich nach den Vorschriften für diese.

e) Neben den allgemeinen Aufhebungs- und Löschungsgründen erlischt sie mit Aufhebung des Titels oder seiner Vollstreckbarkeit durch eine vollstreckbare Entscheidung, durch Unzulässigkeitserklärung oder Einstellung der Zwangsvollstreckung, durch einstweilige Einstellung des Verfahrens und Aufhebung der Vollstreckungsmaßnahmen oder wenn Hinterlegung oder Sicherheitsleistung erfolgt. Alsdann steht dem Eigentümer die Befugnis gem. § 57 Abs. 3 SchRG zu. § 870a Abs. 3 ZPO.

II. **Zwangsversteigerung**

a) Voraussetzung:

1. Antrag auf Anordnung der Zwangsversteigerung beim Amtsgericht, in dessen Bezirk sich das Schiff befindet, §§ 15, 163 ZVG.

2. vollstreckbarer Titel, § 16 Abs. 1 ZVG; bei einer Zwangshypothek ist kein besonderer dinglicher Titel mehr notwendig.

3. Eintragung des Schuldners als Eigentümer muß vorliegen oder er muß Erbe des eingetragenen Schuldners sein, § 17 ZVG.

   Eine Ausnahme gilt jedoch für die Schiffsgläubiger gem. §§ 755 Abs. 2; 761 ff HGB; 103 Abs. 2 BSchG. Diese können gegen jeden dritten Besitzer vorgehen (z. B. Ausrüster, Kapitän), § 164 ZVG.

4. Eintragung des Anordnungsbeschlusses in das Register, §§ 163 Abs. 2; 19 ZVG, und Anordnung der Bewachung und Verwahrung des Schiffs, § 165 ZVG.

b) Bei der Rangordnung der Rechte gehen die Schiffsgläubigerrechte den Hypothekengläubigern und betreibenden Gläubigern vor

1. bei Seeschiffen absolut alle, § 776 HGB,

2. bei Binnenschiffen mit Einschränkungen, § 109 BSchG.

§ 10 Nr. 4 u. 5 ZVG.

c) Die Terminsbestimmung zur Versteigerung muß auch die Aufforderung an die Schiffsgläubiger zur Anmeldung ihrer Ansprüche bis zur Abgabe von Geboten im Versteigerungstermin enthalten, §§ 167 Abs. 2; 37 Nr. 4 ZVG, damit

1. sie als Beteiligte angesehen werden, § 9 Nr. 2 ZVG.

   Ausnahme Unfall- und Invalidenversicherungsträger sind auch ohne Anmeldung Beteiligte, § 163 Abs. 3 ZVG.

2. ihre Forderungen in das geringste Gebot aufgenommen werden können, § 45 Abs. 1 ZVG.

d) Bekanntgabe des Versteigerungstermins neben dem Gerichtsbekanntmachungsblatt (§ 29 Abs. 1 ZVG) auch im Schiffahrtsblatt, § 168 Abs. 1 ZVG

α) bei Seeschiffen in „Hansa"

β) bei Binnenschiffen im Mitteilungsblatt der Reichsverkehrsgruppe Binnenschiffahrt. (Allg.Vfg. v. 7. 3. 41 DJ S. 335)

Anm.: Von dieser Vorschrift muß z. Zt. abgesehen werden. Wohl erscheint die „Hansa" wieder neu, nimmt jedoch noch keine derartige amtliche Mitteilungen auf. Die Reichsverkehrsgruppe Binnenschiffahrt ist aufgelöst, demnach besteht auch kein Mitteilungsblatt. Eine Neuregelung bleibt abzuwarten.

e) Fristen

1. Zeitraum zwischen Bekanntgabe des Versteigerungstermins und dem Termin, § 43 Abs. 1 ZVG,
   α) bei Seeschiffen 3 Monate, § 168 a ZVG,
   β) bei Binnenschiffen 6 Wochen, § 43 Abs. 1 ZVG.

2. Zeitraum von 2 Wochen besteht nur zwischen Versteigerungstermin und

   α) Zustellung des Anordnungsbeschlusses an Schuldner,

   β) Bekanntgabe des Versteigerungstermins an Beteiligte.

   § 43 Abs. 2 ZVG

f) Geringstes Gebot ist zu ermitteln, §§ 162, 44 Abs. 1 ZVG.

g) Die Zwangsversteigerung eines Seeschiffes, nicht bei Binnenschiffen, ist unzulässig, wenn es segelfertig ist, § 482 Abs. 1 HGB.

   Ausnahme: Sie ist zulässig

   1. wegen Schulden, die „zum Behufe der bevorstehenden Reise" eingegangen sind, § 482 Abs. 2 HGB
   2. wegen Forderungen, die nicht vor Segelfertigkeit geltend gemacht werden konnten (h. A.; vgl. Wüstendörfer § 12 III 2; Schaps Anm. 4 zu § 482; RG 32/58).

B. Es mag in diesem Zusammenhang auf die Behandlung ausländischer Schiffe hingewiesen werden. Allein in der Zwangsvollstreckung ist dieser ausdrücklich Erwähnung getan.

I. Die Zwangsvollstreckung in **ausländische Schiffe** erfährt eine **Sonderregelung.** Sie erfolgt ebenfalls nach liegenschaftsrechtlichen Grundsätzen, aber **nur** durch **Zwangsversteigerung.** Die Zwangshypothek ist ausgeschlossen, da ausländische Schiffe nicht in das Register eingetragen werden (§§ 3 Abs. 2; 17 Abs. 2; 20 Abs. 1 Satz 2 SchRegO; §§ 2, 3 FlagGes), was für die Eintragung der Zwangshypothek notwendig ist (§ 867 Abs. 1 Satz 2 ZPO).

II. Die Zwangsversteigerung erfolgt wie bei deutschen Schiffen, jedoch mit einigen Besonderheiten, § 171 ZVG.

a) Das **Schiff müßte** nach deutschem Recht **eintragungspflichtig sein,** § 171 Abs. 1, 1. Halbs. ZVG. Ob es im ausländischen Register eingetragen ist, ist gleichgültig.

b) Die Vorschriften, die eine Eintragung in das Register vorsehen, fallen weg (z. B. Anordnungsbeschluß), § 171 Abs. 1, 2. Halbs. ZVG.

c) Die Vollstreckung ist nur gegen den Eigenbesitzer möglich, soweit nicht HGB und BSchG entgegen stehen, § 171 Abs. 2 ZVG. (vgl. oben A II a 3).

d) Es besteht kein geringstes Gebot, § 171 Abs. 4 Satz 1 ZVG

e) Das Meistgebot ist insgesamt bar zu entrichten, § 171 Abs. 4 Satz 2 ZVG

f) Haben Schiffsgläubiger ihre Forderungen trotz Aufforderung in der Terminsbestimmung nicht angemeldet, so werden ihre Rechte nachgesetzt, § 171 Abs. 3 Satz 1 ZVG.

g) Es besteht keine Fristverlängerung gem. § 168 a ZVG (vgl. oben A II e 1), § 171 Abs. 5 Satz 1 ZVG.

h) Die Terminsbestimmung der Versteigerung ist, soweit ohne Verzögerung des Verfahrens tunlich, § 171 Abs. 3 ZVG,

1. den aus den Schiffspapieren ersichtlichen Schiffsgläubigern und sonstigen Beteiligten zuzustellen und,

2. wenn das Schiff in einem ausländischen Register eingetragen ist, der ausländischen Registerbehörde mitzuteilen.

i) Die Aufhebung der Bewachung und Verwahrung und Übergabe an den Ersteher erfolgt nur, wenn das Meistgebot berichtigt ist oder die Bewilligung der Beteiligten vorliegt, § 171 Abs. 5 Satz 2 ZVG.

III. Die Zwangsvollstreckung in **ausländische** Schiffe, die nach deutschem Recht **nicht eintragungspflichtig** sind, unterliegt den gleichen Bestimmungen wie bei deutschen nicht eingetragenen Schiffen, da es sonst der Beschränkung auf „eintragungspflichtige" Schiffe in § 171 Abs. 1 ZVG nicht bedurft hätte.

C. **Die Zwangsvollstreckung in Schiffsbauwerke**

I. Voraussetzung ist, daß das Bauwerk eingetragen oder eintragungsfähig ist, § 870 a Abs. 1 ZPO (über Eintragungsfähigkeit vgl. § 14 B II). Ist das Bauwerk noch nicht eingetragen, so kann der betreibende Gläubiger gem § 68 Abs. 2 SchRegO die Eintragung veranlassen.

II. Die Zwangsvollstreckung findet ebenfalls statt durch Eintragung einer **Zwangshypothek** oder durch **Zwangsversteigerung.**

a) Für die Zwangshypothek gelten die gleichen Grundsätze wie bei Schiffen.

b) Für die Zwangsversteigerung gelten ebenfalls die gleichen Vorschriften wie bei Schiffen, §§ 162, 170 a ZVG, jedoch mit einigen Besonderheiten.

1. Das Verfahren ist nur zulässig, wenn der Schuldner als Eigentümer im Register eingetragen ist,

§ 17 ZVG. Die Ausnahmen des HGB und BSchG können nicht gegeben sein, da keine Schiffsgläubigerrechte an Bauwerken entstehen.

2. Die Veröffentlichung des Versteigerungstermins in Schiffahrtsblättern findet nicht statt, sondern ist genügend in dem für Bekanntmachungen des Vollstreckungsgerichts bestimmten Blatt, § 39 Abs. 1 ZVG. Ist das Vollstreckungsgericht vom Registergericht verschieden, so soll auch in dessen Bekanntmachungsblatt veröffentlicht werden, § 170 a Abs. 2 Satz 2 ZVG.

3. Die Fristen des § 43 Abs. 1 ZVG sind auf 2 Wochen und die des § 43 Abs. 2 ZVG auf 1 Woche abgekürzt, § 170 a Abs. 2 ZVG.

D. **Zwangsvollstreckung in Schiffsanteile**

I. Die Zwangsvollstreckung in eine **Schiffspart** vollzieht sich überwiegend nach den Vorschriften über die Zwangsvollstreckung in **andere Vermögensrechte** (also **nicht** nach **liegenschaftsrechtlichen** Grundsätzen), jedoch mit liegenschaftsrechtlichem Einschlag, §§ 858, 857 ZPO.

a) Vollstreckungsgericht ist das Amtsgericht des Registers, § 858 Abs. 2 ZPO, nicht das am Wohnsitz des Schuldners (vgl. 828 Abs. 2 ZPO) oder des Heimathafens bzw. -ortes.

b) Die Zwangsvollstreckung wird eingeleitet durch den Antrag auf Erlaß eines Pfändungsbeschlusses unter Vorlage des vollstreckbaren Titels, §§ 829, 857 ZPO.

c) Die Pfändung wird erst wirksam mit der Eintragung in das Register, § 858 Abs. 3 Satz I ZPO. Dies ist die zu § 503 Abs. 3 HGB (Verpfändung) entsprechende Regelung. Sie erfolgt auf Grund des Pfändungsbeschlusses.

d) Ist ein Korrespondentreeder vorhanden, so soll diesem auch der Pfändungsbeschluß zugestellt werden, § 858 Abs. 3 Satz 2 ZPO. Zwar ist der Korrespondentreeder nicht Drittschuldner (vgl. § 829 ZPO), aber er vertritt die Reederei (§ 493 Abs. 1 HGB).

e) Die Verwertung erfolgt durch Veräußerung der Part, § 858 Abs. 4 Satz 1 ZPO. Es erfolgt also keine Überweisung oder Überlassung zur Ausübung der Rechte (vgl. oben § 25 C I b).

1. Der Gläubiger hat den Antrag auf Veräußerung zu stellen, § 858 Abs. 4 Satz 2 ZPO.
2. Die Veräußerung erfolgt durch freihändigen Verkauf oder Versteigerung, § 825 ZPO.
3. Die Veräußerung bedarf der Eintragung (§ 503 Abs. 1 HGB).

f) Steht einem anderen als dem betreibenden Gläubiger ein Pfandrecht an der Part zu, so ist die Hinterlegung des Erlöses anzuordnen, § 858 Abs. 5 Satz 1 ZPO. Die Verteilung des Erlöses erfolgt im Verteilungsverfahren gem. §§ 873—882 ZPO. Im Teilungsplan sind auch die Forderungen, für die ein Pfandrecht an der Part bestellt ist, entsprechend dem Inhalt des Registers aufzunehmen, §§ 858 Abs. 5 Satz 2 ZPO.

II. Sofern der **Bruchteil** eines Schiffes im Anteil eines Miteigentümers besteht, erfolgt in diesen die Zwangsvollstreckung ebenfalls nach liegenschaftsrechtlichen Grundsätzen, § 864 Abs. 2 ZPO.

a) bei Bruchteil an Schiffen gelten die Vorschriften für diese,

b) bei Bruchteil an Bauwerken finden die Vorschriften für diese Anwendung.

III. **Beim Anteil zur gesamten Hand** (Gesellschaft, Gesamtgut, Erbengemeinschaft, OHG) richtet sich die Zulässigkeit und Art der Zwangsvollstreckung ohne Besonderheiten **nach den sonstigen Vorschriften** (vgl. §§ 859 ff ZPO). Eine Eintragung in das Register ist unzulässig, denn durch die Pfändung erlangt der Gläubiger kein Recht an dem einzelnen Gegenstand des Gesamthandvermögens (z. B. dem Schiff).

§ 29 Arrest

Zur Sicherung der gefährdeten Befriedigung in der Zwangsvollstreckung dient auch bei Schiffen und Schiffsbauwerken der dingliche Arrest.

A. Bei **Schiffen und Schiffsbauwerken** gestaltet sich das Arrestverfahren **teils** nach **fahrnis-**, **teils** nach **liegenschaftsrechtlichen** Grundsätzen.

I. Für die Anordnung des Arrestes gelten die allgemeinen Vorschriften, §§ 916 ff ZPO.

II. Die Vollziehung des Arrestes erfolgt durch Pfändung nach fahrnisrechtlichen Grundsätzen, § 931 Abs. 1 ZPO Jedoch gelten folgende dem Liegenschaftsrecht angepaßte Abweichungen:

a) Die Pfändung wird auf Antrag des Gläubigers vom Arrestgericht als Vollstreckungsgericht angeordnet, § 931 Abs. 2 Satz 1 ZPO. Die Anordnung der Pfändung ergeht an den Gerichtsvollzieher, der sie dadurch vollzieht, daß er das Schiff (Bauwerk) in Bewachung und Verwahrung nimmt, §§ 931 Abs. 4; 808 ZPO. Dies geschieht meistens durch Sichtbarmachung der Pfändung am Schiff selbst („in oder an die Kette legen") und Benachrichtigung der Hafenbehörde, um das Schiff am Auslaufen zu hindern.

b) Zugleich mit der Anordnung der Pfändung ergeht ein Ersuchen des Arrestgerichts an das Registergericht auf Eintragung einer **Vormerkung** von Amts wegen zur Sicherung des Arrestpfandrechts, § 931 Abs 3 Satz 2 ZPO.

c) An sich ist vor der Pfändung (der Vollziehung) der Arrestbefehl dem Eigentümer als Schuldner zuzustellen, § 570 Abs. 1 ZPO. Die Frist des § 929 Abs. 2 ZPO ist zu beachten. Auch der Anordnungsbeschluß ist wie jeder Beschluß im Zwangsvollstreckungsverfahren dem Schuldner zuzustellen. Jedoch ist die Pfändung auch vor der Zustellung des Arrestbefehls und des Anordnungsbeschlusses wirksam, aber auflösend bedingt, § 929 Abs. 3 Satz 1 ZPO (vgl. Schönke § 47 II 3; Baumbach Anm II D zu § 929). Sie wird unwirksam, wenn nicht innerhalb der Fristen der §§ 929 Abs. 4 Satz 2; 929 Abs. 3 ZPO die Zustellung bewirkt wird. Damit wird auch die Vormerkung unwirksam und ihre Eintragung als Vollstreckungsmaßnahme ungültig. Hiergegen kann der Eigentümer (Schuldner) im Wege der Erinnerung (§ 766 ZPO) vorgehen oder die Aufhebung des Arrestbefehls wegen veränderter Umstände beantragen (§§ 927, 929 Abs. 2 und 3 ZPO).

d) Die Vormerkung erlischt mit der Aufhebung des Arrestes, da dann die Vollziehung unstatthaft wird, § 931 Abs. 3 ZPO. Die Berichtigung des Registers erfolgt jedoch nicht von Amts wegen, sondern auf

Antrag des Eigentümers auf Grund des Aufhebungsbeschlusses, §§ 23 Abs. 2; 29, 37 SchRegO. Sind die Fristen des § 929 Abs. 3 und 2 ZPO verstrichen, so kann auch der Eigentümer vom Arrestgläubiger direkt, evtl. im Klagewege, ohne auf die Behelfe im Zwangsvollstreckungsverfahren (vgl. oben c am Ende) angewiesen zu sein, die Löschungsbewilligung der Vormerkung verlangen, da diese infolge der Unzulässigkeit der Vollziehung des Arrestes nichtig geworden ist (vgl. RG 81/289; 291; 151/157 für das Grundbuchrecht).

e) **Durch die Pfändung** entsteht für den Gläubiger ein **Fahrnispfandrecht am eingetragenen Schiff.** Er hat im Verhältnis zu anderen Berechtigten die gleichen Rechte wie ein Schiffshypothekengläubiger, § 931 Abs. 2 ZPO. Dieses bereits bestehende Pfandrecht unterliegt jedoch den Vorschriften über den öffentlichen Glauben des Registers, wirkt also nicht absolut wie das eines Schiffsgläubigers. Dem Schutz des Arrestgläubigers dient insofern die von Amts wegen eingetragene Vormerkung. Der Rang des Arrestgläubigers bestimmt sich nach dem Datum der Vormerkung, § 10 Abs. 3 SchRG.

f) Volle Rechtssicherheit erlangt der Arrestgläubiger auf seinen Antrag durch **Eintragung des Arrestpfandrechts als Höchstbetragshypothek.** Die Lösungssumme des Arrestbefehls ist der Höchstbetrag, § 931 Abs. 6 ZPO.

g) Bei Aufhebung, Unzulässigkeitserklärung, Einstellung des Arrestes erlischt die Arresthöchstbetragshypothek. Dem **Eigentümer** steht dann die **Befugnis** des § 57 Abs. 3 SchRG zu, §§ 931 Abs. 6, 870 a ZPO.

h) Die Arresthöchstbetragshypothek kann auch gem. § 867 Abs. 2 ZPO auf mehrere Schiffe verteilt werden, § 931 Abs. 6 ZPO.

i) Bei Arrestvollzug bei bereits erfolgter Einleitung der Zwangsversteigerung gilt die Beschlagnahme im Zwangsversteigerungsverfahren als erste Pfändung i. S. des § 826 ZPO; § 931 Abs. 5 ZPO. Die Arrestpfändung ist somit eine Anschlußpfändung mit der Wirkung aus § 27 ZVG (Beitritt).

k) Die Arrestbelegung segelfertiger Seeschiffe ist gem. § 482 Abs. 1 HGB unzulässig. Die Ausnahmen des § 482 Abs. 2 HGB gelten auch hier (vgl. oben § 28 A II g).

l) Die Arrestvollziehung in ein **ausländisches** Schiff unterliegt keinen Besonderheiten wie bei der Zwangsversteigerung. Da es in einem deutschen Register nicht eingetragen ist, bestimmt sich das Verfahren ganz nach dem Arrestvollzug in bewegliche Sachen gem. § 930 ZPO (a. A. Wüstendörfer § 12 I 4). Der Ausnahme für ausländische Schiffe, die nach deutschem Recht eintragungspflichtig wären, ist für den Arrest nicht Erwähnung getan. Daher müssen auch diese den Vorschriften des § 930 ZPO für bewegliche Sachen unterliegen (ebenso Sydow-Busch Anm. 1 am Ende zu § 931; Baumbach Anm. 1 zu § 931).

B. **Bei Schiffsanteilen**

I. Die Vollziehung des Arrestes in eine **Schiffspart** richtet sich nach den allgemeinen Vorschriften der Zwangsvollstreckung (§ 928 ZPO). Soweit jedoch die besonderen Vorschriften über die Zwangsvollstreckung in Schiffsparten anwendbar sind, müssen diese zum Zuge kommen. Da der Arrest nur zur Sicherung dient, kommt nur § 858 Abs. 2 und 3 ZPO über die Pfändung zur Anwendung. Danach bedarf es zur Wirksamkeit der Vollziehung der **Eintragung** des Arrestpfandrechts in das Register.

II. Bei **Bruchteilsanteilen** an Schiffen und Schiffsbauwerken gelten die gleichen Grundsätze wie bei diesen selbst. § 931 ZPO ist entsprechend anzuwenden, d. h. Entstehung des Arrestpfandrechts, Vormerkung und Eintragung einer Höchstbetragshypothek am Bruchteil, § 864 Abs. 2 ZPO.

III. **Bei Gesamthandsanteil** richten sich Arrestanordnung und -vollziehung nach den allgemeinen Vorschriften über Zulässigkeit usw. bei Arrest in Rechte, §§ 930, 928 ZPO.

§ 30 Zwangsvollstreckung in Schiffsrechte

A. Nießbrauch

Die Zwangsvollstreckung in einen Nießbrauch am Schiff richtet sich nach den allgemeinen Vorschriften über die Zwangsvollstreckung in andere Vermögensrechte, **§ 857** ZPO. Der Nießbrauch selbst ist nicht übertragbar und nicht verpfändbar, jedoch seine Ausübung überlassungsfähig, § 1059 BGB. Daher ist auch gem. § 857 Abs. 3 ZPO der Nießbrauch pfändbar.

I. Die Pfändung erfolgt durch Pfändungsbeschluß gem. § 829 ZPO. Sie wird wirksam durch Zustellung des Beschlusses an den Eigentümer, § 829 Abs. 3 ZPO (vgl. Stein-Jonas Anm. III 2 zu § 857).

II. Die Verwertung kann durch besondere Anordnung des Gerichts durch Übertragung der Ausübung an den Gläubiger erfolgen, § 857 Abs. 4 ZPO.

III. Eine **Eintragung** dieser Pfändung im Register ist **nicht möglich,** da auch die vertragliche Überlassung zur Ausübung als obligatorisches Rechtsgeschäft nicht eintragungsfähig ist (ebenso Güthe-Triebel Vorbem. zum II. Abschn. Anm. 20 und § 19 Anm. 128; vgl. weiter RGRKom. Anm. 2 zu zu § 1059; Sydow-Busch Anm. 4 zu § 857). Diese für das Liegenschaftsrecht geltende Auffassung ist auch für das Schiffssachenrecht anzuwenden. Allerdings ist nach den Grundsätzen der Rechtsprechung des Reichsgerichts das durch Pfändung entstandene Pfandrecht am Nießbrauch eintragungsfähig (vgl. Stein-Jonas Anm. II 4 zu § 857). Zur Begründung dieser Ansicht wird darauf verwiesen, daß der Nießbraucher als Schuldner sich jeder Verfügung über das Recht wegen der Pfändung (vgl. § 829 Abs. 1 ZPO) enthalten muß und daher mit Rücksicht auf den guten Glaubensschutz des Grundbuchs diese Verfügungsbeschränkung zum Schutz des Gläubigers eingetragen werden muß (vgl. RG 74/78 ff; Staudinger Anm. II d zu § 1059). Diese Überlegung braucht aber im Schiffssachenrecht nicht angestellt zu werden, da die §§ 15, 16 SchRG, die den guten Glaubensschutz des Schiffsregisters behandeln, ausdrücklich die Rechte aufführen, auf die er sich bezieht. Danach sind neben Eigentum, Hypothek und Nießbrauch nur die Rechte an einer Hypothek, nicht aber Rechte an einem Nießbrauch geschützt (vgl. oben § 8 D I c II a).

B. **Schiffshypothek**

I. **Einzelhypothek**

Die Zwangsvollstreckung erfolgt durch Pfändung der Forderung durch Pfändungsbeschluß, § 829 ZPO.

a) Zur Wirksamkeit der Pfändung ist erforderlich und genügend ihre **Eintragung** in das Register auf Grund des Pfändungsbeschlusses, § 830 a Abs. 1 ZPO.

b) Die Zustellung an den Eigentümer als Drittschuldner (§ 829 Abs. 3 ZPO) ist nicht erforderlich. Geschieht sie, so hat sie vor der Eintragung der Pfändung im Register die Wirkung, daß sie dem Eigentümer gegenüber bereits wirksam ist, § 830 a Abs. 2 ZPO.

c) Die Pfändung rückständiger Zinsen und anderer Nebenleistungen und wegen Erstattung aufgewendeter Kosten für Kündigung und Befriedigung bezweckende Rechtsverfolgung (§ 53 SchRG) wird wie bei gewöhnlichen Geldforderungen gem. § 829 ZPO durchgeführt, § 830 a Abs. 3 ZPO.

d) Die Verwertung erfolgt durch Überweisung zur Einziehung oder an Zahlungs Statt.

1. Bei Überweisung zur Einziehung ist Aushändigung des Überweisungsbeschlusses an den Gläubiger genügend, § 837 a Abs. 1 Satz 1 ZPO.

2. Bei Überweisung an **Zahlungs Statt** ist ihre **Eintragung** in das Register auf Grund des Überweisungsbeschlusses **erforderlich,** da der Gläubiger wechselt, § 837 a Abs. 1 Satz 2 ZPO.

3. Rückständige Zinsen usw. werden gem. § 835 ZPO verwertet, § 837 a Absatz 2 ZPO.

II. **Gesamthypothek**

Die Zwangsvollstreckung wird wie bei der Einzelhypothek durchgeführt, jedoch ist die Pfändung erst bewirkt, wenn sie in allen Registern eingetragen ist (RG 63/76).

III. **Inhaber- und Orderhypothek**

Die Zwangsvollstreckung in die Hauptforderung richtet sich nach den allgemeinen Vorschriften, § 830 a Abs. 3 Satz 2 ZPO.

a) Die Pfändung erfolgt durch Inbesitznahme der Inhaberschuldverschreibung (§ 808 ZPO) und des Orderpapiers (§ 831 ZPO) durch den Gerichtsvollzieher.

b) Die Verwertung geschieht gem. § 835 ZPO.

c) Eine **Eintragung** in das Register erfolgt **nicht.** Jedoch hat der Gläubiger ein Berichtigungsrecht bei Überweisung an Zahlungs Statt, da mit der Forderung aus dem Papier auch die Hypothek auf ihn übergeht, §§ 73, 51 Abs. 1 SchRG.

IV. **Höchstbetragshypothek**

a) Fordert der Gläubiger die **Überweisung** der Forderung **ohne die Hypothek** an Zahlungs Statt, so erfolgt die Zwangsvollstreckung nach **allgemeinen** Vorschriften, §§ 829, 835, 837 a Abs. 4; 837 Abs. 3 ZPO.

b) In **allen anderen** Fällen (auch an Zahlungs Statt mit Hypothek) bestimmt sich das Verfahren **wie bei der Einzelhypothek.**

C. **Schiffspartpfand**

I. Die Zwangsvollstreckung erfolgt durch Pfändung der Forderung, der das Pfandrecht zu Grunde liegt, durch Pfändungsbeschluß, § 829 ZPO. Eine Eintragung der Pfändung für ihre Wirksamkeit ist nicht erforderlich (vgl. oben § 14 B III a 2).

II. Die Verwertung geschieht gem. § 835 ZPO.

III. Eine **Eintragung** im Register wird **nur** bei Überweisung an **Zahlungs Statt** vorgenommen, da diese als Abtretung angesehen wird und mit dieser die bestehenden Pfandrechte übergehen, §§ 401 BGB, 835, 836 ZPO.

D. **Arrest**

Der Arrest in Nießbrauch, Schiffshypothek und Pfandrecht an Schiffsparten ist gleichfalls möglich. Die Vollziehung geschieht durch Pfändung; eine Überweisung ist nicht zulässig. Bis zu diesem Stadium sind die Vorschriften über

Zwangsvollstreckung in Schiffsrechte anwendbar.
Vollziehung des Arrestes:

I. bei Nießbrauch durch Pfändung, d. h. Zustellung des Pfändungsbeschlusses an Nießbraucher und zur Wirksamkeit an Eigentümer gem. §§ 930 Abs. 1 Satz 2; 857, 829 ZPO. Eine **Eintragung** im Register erfolgt **nicht** (vgl. Sydow-Busch Anm. 4 zu § 587 und oben A III).

II. bei Hypothek durch Pfändung und **Eintragung** des Arrestpfandrechts im Register, §§ 930 Abs. 1 Satz 2; 830 a Abs. 1 ZPO.

III. bei Pfandrecht an Schiffspart durch Pfändung der Forderung, der das Partpfandrecht zu Grunde liegt, § 829 Abs. 1 und 2 ZPO. Eine **Eintragung** erfolgt **nicht** (vgl. oben C I).

Stichwortverzeichnis

(Die Zahlen bezeichnen die Seiten)

FSC
www.fsc.org
MIX
Papier | Fördert
gute Waldnutzung
FSC® C083411

Kolibri 360 GmbH
Ferdinand-Jühlke-Straße 7
99095 Erfurt, Deutschland
produktsicherheit@kolibri360.de